narrativa tea

Dello stesso autore in edizione TEA:

I garbati maneggi delle signorine Devoto
ovvero, Un intrigo a Sestri Ponente
Il coraggio della signora maestra
ovvero, Storia partigiana di ordinario eroismo
Lo strano caso di Maria Scartoccio
ovvero, Un brutto fatto di cronaca a Sestri Ponente
Il segreto del commendator Storace
ovvero, Quando si dice morire sul più bello
Le spedizioni notturne delle Zefire
ovvero, Quando non tutti i ladri vengono per nuocere
L'ultima briscola
ovvero, Quando i nodi vengono al pettine
La curiosa vicenda dei gemelli Bonino
ovvero, Quando non è tutto oro quel che luccica
Il dubbio delle signorine Devoto
ovvero, Come spennare le oche senza farle gridare
In vacanza con la zia Colomba
ovvero, Quando il diavolo ci mette la coda

Renzo Bistolfi

Quel signore così per bene

ovvero, Tanto rumore per nulla

Romanzo

TEA

TEA - Tascabili degli Editori Associati S.r.l., Milano
Gruppo editoriale Mauri Spagnol

Prima edizione Narrativa TEA maggio 2024

QUEL SIGNORE COSÌ PER BENE

La vita si divide in tre tempi: passato, presente e futuro.
Di questi il presente è breve, il futuro incerto, il passato sicuro.
Solo su quest'ultimo, infatti, la fortuna ha perso la sua autorità,
perché non può essere ridotto in potere di nessuno.

LUCIO ANNEO SENECA, *De brevitate vitae*

Tavola dei personaggi

Tarcisio Marcenaro: bancario in pensione.

Antonietta Calcagno Marcenaro: moglie di Tarcisio.

Serafino Tagliafico: un automobilista poco esperto.

Gina Tagliafico: moglie di Serafino.

Carlo Maffei: commissario della Polizia giudiziaria.

Roberto Rosati, Ferruccio Busalacchi, Gianni Malvezzi: ispettori della Polizia giudiziaria.

Rodolfo Righetti: perito della Polizia giudiziaria.

Luigino Piccardo: un balordo sestrese.

Tommaso Giannelli: un orologiaio del quartiere di Pré.

Lord Charles C.R. Stewart: ricchissimo baronetto inglese.

Lady Constance: moglie di Lord Stewart.

Lord Edward C.R. Stewart: figlio di Lord Charles Stewart e di Lady Constance.

Sommario delle vicende

Prologo

Parte prima. Dove il signor Marcenaro, quel signore così per bene, vive una vita ordinatissima e tranquilla, finché un fatto drammatico non gliela sconvolge brutalmente.

Parte seconda. Dove l'inchiesta non procede, e Maffei continua a brancolare nel buio.

Parte terza. Dove qualcun altro ci lascia le penne, e Maffei ha un'illuminazione.

Parte quarta. Dove Maffei procede con i piedi di piombo, e le indagini subiscono una svolta inaspettata.

Parte quinta. Dove tutto si spiega.

Epilogo

Nota dell'Autore

Prologo

Bordighera. Sabato 15 agosto 1931, ore 16.30

«Ma caro, non sarà troppo per noi?»

La giovane signora, ventisei anni, col cappellino in testa e la borsetta sulle ginocchia unite, un po' grassocce, si guardava attorno con aria smarrita, seduta in pizzo a una sedia dorata dall'imbottitura azzurra, nel mezzo di una camera lussuosa. Di un lusso che fino a poco prima non sarebbe nemmeno riuscita a concepire, poiché tra le immagini viste al cinematografo e toccare la realtà con mano, c'è una distanza insormontabile.

Accanto a sé, tre valigie di tipo economico e lei che sembrava non osare muoversi per non turbare l'equilibrio perfetto dell'ambiente circostante, che la rendeva simile a una viaggiatrice di terza classe, sistemata per errore nella sala d'attesa di prima, tra specchiere, velluti e viaggiatori con bagagli Vuitton.

Su un tavolo tondo, lì accanto, un grande cesto di frutta che sembrava dipinta a mano e sarebbe bastata per dieci persone. Su una consolle un enorme mazzo di fiori – che a suo dire valeva una fortuna ed era uno spreco perché il giorno appresso sarebbe appassito – si rifletteva nella specchiera di un camino in marmo screziato, piazzato di fronte, a sei metri buoni di distanza. Tra i fiori un biglietto, stampato con un elegante carattere corsivo e tutto arabeschi: *Un caloroso benvenuto agli sposi. Auguri e prosperità dalla direzione dell'Hotel Italia.*

Senza contare la scatola di cioccolatini a forma di cuore posata al centro del letto.

Signora lo era diventata di fresco, quello stesso mattino alle dieci, sposando un impiegato di trentatré anni. Un uomo come si deve: onesto, di buon carattere, tranquillo, rispettoso delle regole ed estremamente ordinato, di un ordine quasi meticoloso che, però, faceva sentire la giovane sposa protetta, in buone mani, e la sgravava di buona parte delle faccende di cui occorreva occuparsi.

Il marito, ad esempio, le aveva imposto di lasciare il lavoro di infermiera nel reparto maternità all'ospedale, poiché, pur con qualche economia, il suo stipendio di impiegato sarebbe bastato per entrambi e lei avrebbe potuto vivere da signora.

«Non sia mai detto, cara, che tu debba sobbarcarti oltre certi turni impossibili, nottate in corsia e puerpere lamentose. Noi bastiamo a noi stessi e tu, d'ora in avanti, vivrai tranquilla, occupandoti della nostra casetta, del tuo maritino, delle tue amiche... e poi chissà... magari un giorno non lontano, anche di un bel bimbetto!»

La finestra aperta, le cui tende leggere svolazzavano pigramente alla brezza estiva, inquadrava il giardino curatissimo e le fronde frementi di alcune palme degne d'un orto botanico. Oltre le palme, tra due file di alberi e lussuose ville a due o tre piani, chiare e bitorzolute come torte Saint Honoré, lo sguardo inquadrava una via in discesa, perfettamente diritta, alla fine della quale si scorgeva il blu profondo del mare.

«Ah, ah! Perché troppo?» aveva risposto lo sposo cavandosi la giacca e guardandosi attorno con soddisfazione.

«Perché non ce lo meritiamo, noi dopotutto...»

«Senti, cara, prendiamola come una botta di fortuna che inaugura il nostro felice matrimonio. Abbiamo deciso di fare il viaggio di nozze a Bordighera, abbiamo affittato un appartamentino per due settimane e, quando siamo arrivati, ci hanno detto che nel nostro alloggio mancava l'acqua. Senza che noi abbiamo chiesto nulla, la padrona di casa ci ha prenotato questa camera a sue spese per una notte, il tempo di sistemare le cose. Dunque passeremo la prima notte di nozze in un albergo di lusso... gratis! Meglio di così...»

La sposa assunse un'aria mesta. «Ma mi dispiace per la padrona di casa. Chissà quanto spende per una camera come questa.»

«C'è un contratto, cara, e i contratti si rispettano, costi quel che costi. Il mondo cammina e funziona perché vengono osservate le leggi e onorati i contratti, altrimenti sarebbe l'anarchia. Noi abbiamo pagato un anticipo e a questo punto non sapremmo dove alloggiare. È chiaro che la padrona non ne ha colpa, è chiaro anche che a noi dispiace tanto per lei, ma... il problema era suo e in qualche modo doveva pur risolverlo. Sai come si chiama questo? Si chiama rischio d'impresa! E se non vuoi assumerti il rischio d'impresa non ti metti nel commercio o nel turismo, te ne vai a lavorare in posta, dove lo stipendio – magro – non te lo leva nessuno.»

L'Hotel Italia, in effetti, era parecchio lussuoso: una grande villa di metà Ottocento situata nella parte alta della città, che aveva conservato ampie suite, lampadari di cristallo intagliato, camini e soffitti a stucchi, oltre a un magnifico giardino e buona parte del mobilio originario. Dodici in tutto, tra suite e stanze. Davanti al cancello sostava costantemente una carrozza a due cavalli, con cocchiere in livrea rossa e bottoni dorati: serviva ad accompagnare gli ospiti alla passeggiata a mare. Nel parco, accanto alle aiuole fiorite, pigramente innaffiate da ronzanti spruzzi a girandola e ombreggiate da palme e alberi di limone, si vedevano accostate una mastodontica Rolls-Royce con targa inglese, una Delage con la targa del Principato di Monaco, una Lancia Lambda proveniente da Roma e una Fiat 524 targata Milano, fatto che non lasciava dubbi sul livello della clientela e sull'entità del conto.

Non era stata né eleganza né generosità a piazzare i modesti sposi in mezzo a cotanto lusso, ma la fatalità di un benedetto tubo esploso quello stesso mattino, che l'idraulico non avrebbe potuto accomodare che il giorno successivo. Ed essendo Ferragosto, la disperata padrona di casa era riuscita a rimediare solo una camera libera per una notte per l'appunto all'Hotel Italia: prendere o lasciare, poiché le poche altre camere disponibili erano ancor più costose. Così le era toccato fare buon viso a cattivo gioco e accogliere i novelli sposi – affittuari senz'acqua e con le valigie in similpelle – con una gran sciccheria, di quelle che di suo non avrebbe mai pensato di compiere, nemmeno per se stessa. Pazienza. Imprevisti del mestiere: il guadagno in parte evaporava, ma la reputazione era salva e, poiché lei alla reputazione ci teneva parecchio, accettava quella spesa imprevista più come un investimento che come una perdita secca.

Lo sposo allentò la cravatta, sbottonò il solino inamidato troppo alto e rigido, e sedette sul divanetto posto dinanzi al camino che, insieme a due poltrone, formava un salottino di fronte al letto. «Sai che facciamo, cara? Ti metti in libertà, sistemi i bagagli e io intanto chiedo che ci mandino su un bel caffè.»

«Ma caro, ce l'hanno detto, le bevande non sono comprese e chissà quanto ce lo mettono un caffè...»

L'uomo scoppiò a ridere. «E dagli! Ma che c'importa? Non sarà certo il caffè a mandarci in malora. Rilassati. È il giorno del nostro matrimonio. Vieni qua che ti do un bacio.»

A volte, i fatti più importanti, quelli che determinano il corso di una vita, la fatalità in base alla quale si campa o si muore, sono frutto di puro caso e, in seguito, alcune persone non avrebbero mai dimenticato il caso fortuito del tubo rotto, unica variabile per la quale quella giovane donna, quella domenica pomeriggio alle 17 precise, si trovava proprio nella stanza numero 8 dell'Hotel Italia a Bordighera, posta accanto alla suite numero 9.

La sposa si decise a togliere il cappellino e a sorridere, si avviò di slancio verso il divanetto, ma non fece in tempo ad arrivarci, poiché la porta fu investita da una gragnuola di forti colpi, accompagnati da urla concitate. «*Help! Help me, please!* Aiuto! Aiuto!»

Il marito balzò alla porta e la spalancò. Si trovò dinnanzi una donna giovane e bionda, scarmigliata, l'espressione terrorizzata, la quale gli mise in mano un fagotto. «*My children!* Mio bambino! Aiuto! Aiuto!»

L'uomo guardò il fagotto e si rese conto che si trattava di un neonato. Il fatto era che il bimbo era cianotico, anzi, ormai bluastro, e teneva la bocca spalancata e gli occhi sbarrati, ma non respirava.

«Ma, io...»

Il cervello dell'uomo tentava di accelerare il ragionamento al massimo. In un secondo pensò che ci voleva un ospedale, che lui non sapeva dove fosse né come arrivarci, che avrebbe dovuto chiamare il portiere e chiedere un'ambulanza, e che nel frattempo il bambino...

Avvertì un movimento brusco dietro di sé, come uno spostamento d'aria, uno spintone lo scostò di lato e qualcuno gli strappò dalle braccia il fagotto.

Era la moglie.

La donna con risolutezza prese il neonato per i piedi, lo capovolse a testa in giù e gli assestò due energici colpi sulla schiena.

Ci fu un singulto, un gorgoglio, un grumo lattiginoso cadde sul tappeto e, in un attimo, un vagito alto e disperato, stizzito, echeggiò nella stanza.

La sposa raddrizzò il piccolo, lo racchiuse tra le braccia, si assicurò che respirasse normalmente e lo riconsegnò alla madre, che scoppiò in lacrime stringendosi il figlio al petto.

«Ecco fatto», disse la sposa con un sorriso da infermiera della maternità. «È tutto passato. Benedette giovani madri senza esperienza!»

«*Thank you! Thank you very much*», farfugliò la giovane inglese tra le lacrime. «*You...* salvato mio bambino. Grazie!»

Lo sposo lasciò andare un lungo sospiro. Era paonazzo in volto e grondava sudore. Tolse del tutto il solino e lo lanciò sul letto, sbottonò un altro bottone della camicia e si accasciò sul divano. «Adesso credo proprio che ci voglia un buon caffè, per tutti.» Staccò il ricevitore del telefono e pigiò il tasto con scritto accanto: SERVIZIO.

PARTE PRIMA

Dove il signor Marcenaro, quel signore così per bene, vive una vita ordinatissima e tranquilla, finché un fatto drammatico non gliela sconvolge brutalmente.

Capitolo 1

Sestri Ponente. Giovedì 13 settembre 1962, ore 16

Ferragosto rinfresca il bosco.

Così, dopo un agosto infuocato erano arrivati alcuni temporali violenti che avevano raffrescato l'aria e, in quel pomeriggio di metà settembre dal cielo terso e i colori malinconici dell'estate che volge al termine, il signor Tarcisio Marcenaro era contento, poiché da giorni l'afa era cessata e lui aveva potuto riprendere la sua vita consueta, i cui ritmi erano scanditi da una precisione cronometrica.

Molti avrebbero giurato che ogni giorno, all'istante prestabilito, lui muovesse esattamente lo stesso numero di passi per recarsi da casa, in via Andrea Costa, fino alla panchina – una delle quattro – posta nella deliziosa piazzetta che fronteggiava il negozio di stoffe di Giglio Bagnara, in via Garibaldi, sospingendo la carrozzina.

Camminava a piccoli passi, rigido, leggermente inclinato in avanti nell'impugnare le manopole e, in quelle movenze, c'era un che di automa, di macchinario che funziona alla perfezione con la regolarità di un orologio.

Sistemava la moglie accanto alla panchina, salutava i vicini e attraversava la piazzola, sempre a piccoli passi, ma ora dritto, tutto impettito. Entrava nel bar Sidea e ne tornava con un cono di crema e cioccolato, che poneva in mano alla moglie, una donna obesa e dallo sguardo spento, la quale prendeva a leccare il gelato, strabuzzando gli occhi e assumendo espressioni grottesche.

«È buono, cara?»

«Sì.»

Lui si sedeva lì accanto e restava così, col busto eretto, le mani sulle ginocchia e lo sguardo dritto davanti a sé, a guardare il passeggio dei sestresi e qualche tram che sfilava a passo ridotto di tanto in tanto, così come sulla passeggiata a mare di Pegli altri anziani simili a lui osservavano ogni giorno con sguardo vacuo le navi entrare nel varco del porto di Multedo. Ma lo sguardo del signor Tarcisio non era mai vacuo: era vigile, chiaro e sereno, come quello di un bambino che osserva i gabbiani volare.

Le frasi erano sempre le stesse. «Come va oggi, signor Tarcisio?»

«Bene.»

«Per fortuna fa fresco.»

«Se Dio vuole.»

Della moglie inferma nessuno chiedeva per discrezione, tanto il disastro era evidente, e molti si domandavano come facesse quell'uomo grigio, vestito di grigio, con i capelli grigi, a mantenere – nonostante la disgrazia che lo aveva colpito – quell'espressione buona, serena e trasparente degli occhi azzurri dall'aria ingenua. Quell'azzurro chiaro e luminoso era l'unica nota di colore in tutta la sua persona, e spiccava vivido in un volto anonimo che sembrava sbozzato in un blocco di creta con vigorosi colpi di pollice, senza che lo scultore si fosse preso la briga di rifinirlo.

Ogni tanto Antonietta sporgeva il busto, voltava la testa e si rivolgeva al vicino seduto accanto al marito. «Io voglio tornare a Triora. Ha capito, lei? Ho due fratelli piccoli, là. E se non ci penso io...»

Tarcisio a quel punto interveniva bonario. «Ma sì, cara, i tuoi fratelli stanno bene e ti aspettano, ci andremo presto.»

Poi si rivolgeva ai vicini di panchina e spiegava sottovoce. «È una sua fissazione. E pensare che a Triora non ci siamo mai stati, nemmeno di passaggio, e lei non ha mai avuto fratelli.»

«Quanta pazienza le occorre, caro lei...»

«Il tempo passa e le cose cambiano, non si può mai sapere cosa ci riserva il destino», rispondeva Tarcisio con fare rassegnato. «Ognuno deve prendere la vita per quel che è e cercare di preservare per quanto più è possibile quello che ha.» Marcenaro lanciava un'occhiata in tralice alla moglie, alle prese col gelato. «Anche una moglie malata», concludeva in un sussurro.

«È saggio, lei.»

Pochi giorni prima, però, Tarcisio Marcenaro era assurto alle cronache cittadine per un fatto curioso: si era arrampicato su un albero per salvare il gatto di una vicina, che non voleva saperne di scendere, impresa nella quale non erano riusciti nemmeno i pompieri, intervenuti apposta. Marcenaro, nonostante l'età, si era arrampicato sulla scala e, con infinita pazienza, aveva convinto il gatto, che seguitava a soffiare e graffiare i pompieri, ad affidarsi a lui e a tornare a terra. Qualcuno nel trambusto dell'avvenimento lo aveva definito un eroe e qualcun altro gli aveva perfino scattato una foto, col gatto in braccio, foto finita poi sulla pagina della cronaca locale: «Anziano pensionato surclassa i pompieri e salva gatto che non vuol scendere dall'albero».

Lui, modesto com'era, si era alquanto dispiaciuto per quella indesiderata pubblicità.

«Ho fatto solo quello che chiunque avrebbe fatto: ci ho messo un po' di pazienza.»

A volte tirava fuori di tasca un giornale e lo spiegava, altre volte, se un vicino attaccava discorso, rispondeva gentilmente, sempre sorridendo appena, e sapeva tutto, della cronaca e della politica, dello spettacolo e dello sport. Ma a differenza dei vicini non si animava mai, trattava ogni argomento come se nessuno lo riguardasse per davvero, e tuttavia rispondeva in maniera precisa e circostanziata.

«Quante cose sa, lei!» ribatteva un vicino, con tono vagamente ammirato.

«Be', sa, da quando sono in pensione passo la giornata ad accudire mia moglie, ad ascoltare la radio, a leggere i giornali e qualche buon libro.» Si stringeva appena nelle spalle e concludeva con fare dimesso. «Del resto cos'altro potrei fare?»

Talvolta qualcuno, spinto dalla curiosità, gli rivolgeva domande più dirette.

«È da molto che la sua signora è in queste condizioni?»

Marcenaro lasciava andare un sospiro. «Da anni. Abitavamo ancora a Savona. Poi è andata sempre peggio.»

«Ma che cos'ha di preciso, se posso permettermi?»

«Sclerosi multipla. È una strana malattia che le ha preso prima le gambe, poi pian piano tutto il resto e adesso anche la testa, ormai...»

«Una bella sfortuna. E da quanto dura?»

«Più di quindici anni. Nel '48, quando mi hanno trasferito qui, lei stava già male da un pezzo. Non come ora, intendiamoci, ma già a quei tempi non poteva più stare sola e c'era una donna che me la guardava durante il giorno. Le ho provate tutte: ospedali, specialisti, niente da fare. È anche per quello che mi sono fatto trasferire a Genova, per curarla meglio. Arrivato ai sessant'anni sono andato in pensione e da quattro anni, ormai, me ne occupo io. È meglio così.»

La domenica era l'unico giorno di libertà del signor Tarcisio. Il giorno in cui una vicina teneva compagnia alla moglie e lui prendeva il treno alla stazione di Sestri, alle dieci del mattino, scendeva alla stazione di Piazza Principe e, tempo permettendo, passava la giornata girellando nel centro storico di Genova, visitando le antiche chiese, i musei oppure andando a teatro, pranzando in una trattoria di Sottoripa dove ordinava invariabilmente gli stessi piatti: minestrone alla genovese e un pesce al forno – un'orata o un branzino – con mezzo litro di Vermentino d'Albenga. A volte, nel tardo pomeriggio, andava all'Acquasola o alla Villetta Dinegro a dare le briciole agli uccellini.

Ritornava sempre con lo stesso treno: quello che arrivava a Sestri alle diciotto.

Non era proprio quello che avrebbe voluto, Tarcisio Marcenaro. La vita dopotutto lo aveva perseguitato, perché anche lui aveva avuto i suoi sogni, i suoi progetti, le sue ambizioni, perfino il suo colpo di fortuna. Poi, un po' alla volta, il ritmo aveva rallentato e il sentiero si era ristretto: l'esistenza si era via via liberata di possibilità e piaceri, come fossero inutili orpelli, fino a ridursi a una successione di piccoli riti quotidiani che si ripetevano all'infinito. E, alla fine, non gli era rimasto altro compito se non occuparsi di una creatura che ora gli apparteneva completamente, che non aveva più alcuna autonomia e dipendeva da lui per le più elementari esigenze. La sua abnegazione era diventata indispensabile, e per l'intero quartiere lui aveva acquisito l'aureola del santo martire.

Tuttavia, nei suoi occhi e nella sua voce non si percepivano né rimpianto né vittimismo: era semplicemente la sorte che gli era toccata e lui la accettava così com'era, senza recriminare, senza rattristarsi.

Anche la spesa la faceva sempre alla stessa ora, negli stessi negozi, acquistando le stesse cose, che riponeva in una borsa a rete di plastica verde.

Quanti lo conoscevano, soprattutto le massaie che lo incontravano nei negozi – con le quali non mancava mai di scambiare qualche frase gentile –, ricordandone alla perfezione i modi garbati e dimenticandone regolarmente il nome, avevano preso a definirlo *quel signore così per bene*, rammaricandosi del triste destino che la vita gli aveva riservato. Perché, se era considerato un vero flagello per una moglie dover accudire un marito invalido, ancor peggio era considerato l'inverso.

Anche quel pomeriggio, alle 17.15 in punto, il signor Tarcisio si alzò di scatto, salutò i vicini, si portò alle spalle della carrozzina, sbloccò il pedale del freno e pronunciò la consueta frase, con la sua voce suadente e sommessa. «Vieni, cara. È ora di andare.»

«Andiamo a Triora?»

«No. Adesso andiamo a casa, cara. A Triora ci andiamo domani.»

Voltò la carrozzina e prese a spingere con calma, evitando il minimo scossone.

Eppure Tarcisio aveva uno spazio tutto suo, interiore, un

luogo in cui nessuno poteva entrare, nel quale confinava la sua ironia, il suo divertimento e il suo sarcasmo.

Infatti, anche adesso, in cuor suo se la rideva. L'albero degli scemi non secca mai, pensava. Quante sciocchezze sentiva dire standosene seduto per un'ora sulla panchina. Era il suo vero divertimento.

La NASA lanciava la sonda Mariner nello spazio, il presidente Kennedy annunciava che entro dieci anni gli Stati Uniti sarebbero sbarcati sulla Luna e quell'imbecille del notaio in pensione – mica l'ex pescivendolo, il notaio! – sosteneva che si trattava solo di una trovata pubblicitaria; la Russia mandava armi a Cuba e c'era chi, per rassicurarsi, sosteneva che erano tutte sciocchezze e sarebbe accaduto un bel niente perché il papa ci avrebbe messo una parola buona; per contro, Tarcisio aveva appena assistito a un'accalorata e demenziale discussione sullo scandalo di quei quattro capelloni inglesi che facevano impazzire i giovani, i Beatles, contrapposti al vero canto degno di tal nome, cioè Claudio Villa.

Stupidaggini grosse come palazzi, poiché le cose del mondo cambiano per loro conto senza che nessuno possa farci nulla. L'importante è seguire le regole, rispettare gli impegni. Lui, di impegno, ne aveva uno che da anni gli condizionava l'esistenza e che se fosse venuto meno gli avrebbe cambiato la vita.

Regole. E una volta che le regole erano scritte, secondo lui, non si cambiavano più nemmeno a scalpellate, come le tavole della legge. Era una verità sulla quale non aveva il minimo dubbio e si portava scolpita in testa, ripassandola ogni santo giorno quando apriva gli occhi.

Fece spallucce e spinse il portone, facendo salire con cautela lo scalino alla carrozzina. «Hai capito, cara, quanti imbecilli incontriamo ogni giorno? Eh, ci vuole pazienza!»

Salì altri cinque scalini utilizzando uno scivolo di legno installato appositamente per facilitargli le manovre.

«C'è in casa quella là che mi guarda sempre?»

«No, cara, non c'è. E se anche c'è la mando via subito, non ti preoccupare.»

«Non la voglio vedere.»
«Ti dico che non c'è.»
Abitavano al piano rialzato.
Mentre attraversavano il pianerottolo, all'interno dell'appartamento il telefono prese a squillare.
Chi poteva essere?
Tarcisio aprì la porta alla svelta e spinse la carrozzina nell'ingresso, quindi si affrettò verso l'apparecchio lasciando la porta aperta.
«Pronto!»
Dalla cornetta usciva una voce acuta e vivace, dal tono allegro, alla quale Tarcisio rispondeva brevemente, quasi a monosillabi. «Ma davvero? Che piacere! Come? No... Benissimo... Sì, d'accordo. A presto!»
Chiuse la porta di casa, sistemò Antonietta accanto alla porta-finestra del giardinetto e aggrottò la fronte.
«Mm...» bofonchiò tra sé.

Capitolo 2

Domenica 16 settembre, ore 15

La domenica, fin dal mattino, si era presentata oppressa da una coltre di nubi livide che sembrava gravare con tutto il suo peso sulla città, schiacciandola e riducendone la capacità vitale, come un polmone che non riesca a espandersi del tutto per gonfiarsi d'aria. A mezzogiorno s'era levato vento di scirocco; dopo un paio d'ore, gocce oblique e pesanti avevano preso a cadere sollevando la polvere e spandendo un acuto odore di terra bagnata; finché nel primo pomeriggio pareva che avessero dato alle strade una mano di grigio piombo e pioveva a dirotto.

Tarcisio aveva cambiato il suo programma: aveva pranzato nella trattoria di Sottoripa, poi, piegato in avanti sotto l'ombrello, era risalito fino a San Donato, si era fermato un bel po' nell'antica chiesa a rimirare il trittico dell'*Adorazione dei Magi* di Joos van Cleve e la *Sacra Famiglia* di Domenico Piola, quindi una sosta nella chiesa del Gesù, davanti alla formidabile *Circoncisione* di Rubens. Nei giorni di pioggia le belle chiese e le opere dei grandi maestri lo rilassavano. Infine, aveva attraversato piazza De Ferrari, sferzata dal vento e dalla pioggia, e aveva infilato i portici di via XX Settembre, avviandosi verso la stazione Brignole.

Non amava quella parte della città, piena di vetrine rutilanti, bar con i tavolini all'esterno e, soprattutto la domenica pomeriggio, chiassose famigliole a passeggio e giovani rimpannucciati a festa intenti nell'arte dello struscio, specie in una giornata di pioggia come quella, nella quale tutti si accalcavano sotto i portici producendo un fastidioso brusio. Quella domenica pomeriggio, Tarcisio non prese il consueto treno che lo avrebbe lasciato a Sestri alle diciotto, ma anticipò di molto il ritorno. Scese al binario 3 della stazione di Sestri Ponente, percorse il sottopasso ed emerse al binario 1, dove si fermò a guardarsi attorno con i suoi occhi azzurri e l'espressione un po' stupita, da bambino ingenuo. Non poteva immaginare sino a che punto da quel momento in poi la sua esistenza sarebbe definitivamente cambiata.

Il cielo era schermato da nuvole basse e nere, la pioggia cadeva fitta e la città era insolitamente buia, ma le lampade della pubblica illuminazione non si erano ancora accese, giacché il giorno prima a quella stessa ora splendeva ancora il sole e nessuno, in quella plumbea e pigra domenica, aveva pensato di anticiparne manualmente l'accensione. Sicché le strade erano avvolte da un chiaroscuro fastidioso, reso infido dai fanali delle automobili che striavano di giallo l'asfalto lucido confondendo la vista.

Serafino Tagliafico, a sessantotto anni, non era un gran guidatore. Apparteneva a quella generazione di automobilisti che era approdata alla patente dopo i cinquant'anni, sulla scorta del boom economico del dopoguerra e che, data l'età, in pratica non aveva mai imparato a guidare veramente. Nuotare, ballare, andare in bicicletta, giocare al pallone, fare all'amore e... guidare, sono tutte cose che si imparano prima dei vent'anni, a cinquanta non ci si riesce più in maniera compiuta. Nei neopatentati ultraquarantenni, infatti, restava sempre un fondo di paura, un eccesso di prudenza, un mancato automatismo dei riflessi che, in definitiva, portava all'esitazione e alla sostanziale discriminazione tra coloro che guidavano col cappello e tutti gli altri.

Serafino Tagliafico, col suo bravo cappello in testa, guidava aggrappato al volante, con il busto proteso verso il breve cofano della 600 e uno straccio in mano, con cui ogni tanto detergeva il parabrezza, che si appannava in continuazione.

Di solito evitava con cura di guidare dopo il tramonto. Non perché non ci vedesse bene, ma perché dopo il tramonto i fari delle auto che marciavano in direzione opposta lo confondevano e gli impedivano di valutare correttamente le distanze, finendo per costringerlo a una guida troppo lenta e circospetta, che gli causava un'eccessiva tensione. Figurarsi in una serata come quella, con la pioggia, i vetri appannati e, per di più, l'illuminazione ancora spenta.

Fosse stato per lui, poi, quel pomeriggio, non avrebbe nemmeno messo il naso fuori di casa, ma la Gina...

«*Serafin, vanni cianin!*»

«Sto andando piano, moglie, sembra di andare dietro a un funerale. Più piano di così...»

La Gina era voluta andare a tutti i costi a trovare la figlia, a Prà, che aveva cambiato la tappezzeria della sala e, secondo lei, bisognava darle soddisfazione.

Così, adesso, tornavano a Cornigliano e, mentre percorreva la via Puccini a Sestri Ponente, oltre alla pioggia, al buio e ai vetri appannati, il povero Serafino doveva vedersela pure con la Gina che, come al solito, non taceva un attimo.

«Capisci, Serafin? Io gialla, proprio così gialla, non l'avrei nemmeno fatta. Per carità, non ho detto niente perché non sono certo una suocera che mette becco, ma secondo me è stato lui a sceglierla e lei gli è andata dietro. Difatti, l'anno scorso, se ben ricordi, si è comprato un maglione giallo, dimmi tu se uno deve comprarsi un maglione giallo... Mi senti, Serafin?»

«Ti sento, moglie, ti sento.»

«E tu cosa ne dici?»

«Dico che non me ne importa un fico secco!»

«Sempre il solito. Senti, Serafin, mi spieghi un po' perché adesso ti sei fermato qua, in mezzo alla strada?»

«Perché c'è il semaforo rosso, moglie! Lo vedi quel disco rosso lì davanti, grosso come una casa?»

«E va ben. Facevo per dire, non c'è mica bisogno di arrabbiarsi. Guarda, Serafin, che tu oggi sei nervoso! È da dopo *disnare* che ti tengo d'occhio e me ne sono accorta, sai? Non volevi nemmeno uscire. E stasera per piacere ti prendi l'infuso di valeriana che così ti calmi.»

«Non lo voglio l'infuso di valeriana! Mi bevo un bicchiere di grignolino che mi calma di più. E sarei più calmo ancora se grazie a te non dovessi guidare in queste condizioni. Se poi tacessi anche un po', vedresti che mi calmo subito, come un cherubino.»

«Oh, ma che carattere! Te l'ho ben detto che sei nervoso. E quanto alla valeriana, come diceva mia madre, a lavar la testa all'asino...»

La stazione di Sestri Ponente era lì a due passi. Alla destra della strada, oltre un largo marciapiede e il muretto, scorrevano i binari della ferrovia, mentre sulla sinistra c'erano le case, con le finestre illuminate. Serafino all'improvviso percepì un movimento brusco proprio sulla destra, dove il vetro era più appannato.

«Attento!»

Troppo tardi.

Ci fu un rumore sordo, come se avesse urtato un sacco di patate.

«Ferma, Serafin, ferma! Hai picchiato dentro a uno che stava attraversando.»

«Porca d'una miseria ladra!»

Quando Serafino scese dall'auto e la Gina fece altrettanto aprendo l'ombrello, Tarcisio Marcenaro si stava già rialzando e raccoglieva l'ombrello sconquassato.

«Si è fatto male? Mi dispiace tanto, sa, non l'ho vista. Guardi, adesso la accompagniamo all'ospedale, così...»

Tarcisio alzò su Serafino e sulla Gina uno sguardo azzurro e smarrito, come se non capisse. «All'ospedale? Io? Perché?»

«Ma... le sono venuto addosso, io...»

Tarcisio tentò goffamente di pulirsi i calzoni con il fazzoletto, come in preda a un riflesso condizionato. «Ma no, non mi sono fatto niente... È là che c'è... l'ho vista!»

Era in uno stato di evidente agitazione. Si voltò e lanciò un'occhiata sgomenta alle proprie spalle, verso l'angolo piuttosto buio tra l'edificio della stazione e il casotto della pesa pubblica, come se cercasse qualcosa. Da quella direzione un uomo basso e magro, un po' curvo, con un impermeabile scuro e un cappello floscio, emerse dalla pioggia tenendo le mani sprofondate nelle tasche, aggirò il gruppetto e si soffermò a fissare Tarcisio. Poi si voltò di scatto e subito scomparve di nuovo, allontanandosi a passi svelti.

«Insisto», disse Serafino, «è meglio che la veda un dottore.»

«No, no. Le dico che io non ho niente. È la donna che sta male, anzi, è proprio morta! Dobbiamo chiamare subito qualcuno!»

«Ma cosa dice? Di chi sta parlando? Quale donna?»

La Gina intervenne. «Non vedi che vaneggia? Avrà battuto la testa. Bisogna portarlo all'ospedale.»

Tarcisio sembrò trasalire, o forse rabbrividì. «No, signora, io non vaneggio affatto. Per fortuna non ho alcun bisogno dell'ospedale», rispose con un tono stranamente gentile e persuasivo, ma fermo. «Il fatto è che là, in quell'angolo, c'è una donna morta. L'ho appena vista e stavo appunto attraversando di corsa per andare a chiedere aiuto in quel bar là, di fronte!»

Dal bar, l'unico esercizio pubblico illuminato nei dintorni, alcuni uomini, che avevano udito la frenata, stavano uscendo e avevano preso ad attraversare la strada fermando il traffico con ampi gesti delle braccia.

«Una donna morta? Ma cosa dice?» chiese Serafino sempre più agitato.

«Le dico che è così. Venga a vedere...»

Tarcisio prese a tirare Serafino per la manica sino a un fagotto informe che giaceva sul marciapiede.

I riflessi dei fari sulle pozze d'acqua sfumavano i contorni, la penombra del recesso faceva il resto. Serafino accese l'accendisigari e si chinò, avvicinò la fiamma. Apparve un viso sfatto, con gli occhi sbarrati e la bocca spalancata, le labbra bistrate di rosso e la lingua paonazza, i capelli color stoppa.

«Oh, bella Madonna santa!» gridò la Gina.

Era una donna anziana, il corpo riverso a terra, la testa innaturalmente girata di lato, sul collo un sottile segno scuro.

«È morta?» chiese la Gina, sbirciando da sopra la spalla del marito.

«Ne ha tutta l'aria», fece Serafino.

«Io... credo di sì», disse Tarcisio, che sembrava aver riacquistato di colpo una certa calma.

«Bisognerà chiamare la Polizia», suggerì Serafino.

«Credo proprio di sì, anche se io intendevo chiamare un'ambulanza», ripeté Tarcisio, come un automa. «A questo punto mi pare che non ci sia altro da fare.»

«Santo cielo!» gridò ancora la Gina. «Che impressione!»

Tarcisio si guardò attorno e realizzò che nel frattempo gli uomini usciti dal bar si erano avvicinati e ora osservavano la scena con espressione stralunata.

«Cosa succede?»

«Una donna.»

«Si sente male?»

«Sarà mica morta, neh?»

«Chi è stato?»

Lo sguardo di Tarcisio percorse i presenti a uno a uno. «Non lo so. Uno... uno con l'impermeabile scuro... almeno credo!»

«Quello che abbiamo visto poco fa?» chiese Serafino. «Ma è mai possibile?»

«Sì, penso di sì.»

«Santo cielo!» esclamò la Gina, portandosi le mani al volto. «Ma allora... mi ha quasi toccato!»

«Dunque lei lo ha visto!» esclamò qualcuno.

Altri passanti avevano attraversato e si erano avvicinati, incuriositi.

Tarcisio Marcenaro si guardò di nuovo attorno, inebetito, come a cercare un volto tra la piccola folla. «Io... be'... io, ecco... credo di sì.»

Capitolo 3

Domenica 16 settembre, ore 17.25

Sull'altura di Sant'Ilario, nella *crêuza* che inizia subito dopo la chiesa, c'era una palazzina a tre piani dipinta di giallo. Al secondo piano ci abitava Rodolfo Righetti, cinquantotto anni, scapolo, perito della Polizia giudiziaria, al primo piano sua sorella e al pianterreno l'anziana madre.

Tuttavia, il vero regno di Righetti, il posto di cui andava orgogliosissimo, era il capanno verde, in legno e vetri, che sorgeva tra gli alberi del giardino a mezza costa e celava un vero forno da pane, a legna, fornelli a gas, una tavola rustica e un calcio balilla.

I vetri a piccoli riquadri, quel pomeriggio, erano tutti appannati – anche con gli sportelli aperti – per via della pioggia e del forno, che ronfava a tutto spiano spandendo un calore eccessivo ma asciutto. La tavola, con tovaglia a quadretti bianchi e rossi, era apparecchiata per due.

«Pomeriggio di tregenda, caro amico. Vien giù che Dio la manda. Se non altro usciranno i funghi e, se tutto va bene, domenica prossima te li faccio trifolati e pure un'insalata di ovuli.»

«Magari! In casa mia di funghi non se ne parla. Mia moglie dice che sono tossici e che per il fegato sono tanto veleno, anche quelli buoni», replicò il commissario Carlo Maffei, storcendo la faccia con espressione disgustata.

«È tua moglie che è tossica, Carlo, dammi retta. Se non stai attento, quella, con le sue fissazioni, ti taglia il nervo del gusto e buonanotte ai suonatori. Ti fa campare a pappine e brodo di dado come i vecchietti sdentati.»

«Ma io vengo qua di soppiatto e mi rifaccio!» esclamò Maffei strizzando un occhio e sollevando il calice di vino bianco.

Righetti era un ometto di mezza età, magro, incolore, che portava lenti spesse e due cespugli di capelli grigi ai lati del cranio calvo, che lo facevano somigliare a un clown, ma aveva una gran passione per la cucina e, quand'era ai fornelli, bisognava lasciarlo stare perché era un vero artista.

In grembiule a sedani e carote, con le manopole a fiorellini e le lenti appannate era ancor più grottesco del solito, ma fu con grande attenzione e un'aura di liturgica solennità che estrasse il largo e basso tegame dal forno. Un profumo formidabile invase l'ambiente.

«Ecco qua. C'è poco da fare. Per la focaccia di Recco degna del suo nome ci vuole la *prescinsêua.* E basta!»

Maffei si passò la mano sul riporto di capelli grigi e radi. Gli occhi prominenti e il grosso naso a bulbo gli conferivano un aspetto bizzarro, da bambino eternamente raffreddato, soprattutto quando si concentrava e senza volerlo assumeva un'espressione distratta, vacua e sognante, come in quel momento.

«Perché, scusa... cosa ci mettono nella focaccia di Recco?»

Righetti prese a tagliare la sottile focaccia con una spatola corta e tozza, da farinata, e fece una smorfia. «Ci mettono di tutto! C'è chi la fa con lo stracchino e chi ci mette altre diavolerie moderne ancora peggio. *Puah!* Roba che grida vendetta al cospetto del cielo.»

Pose il piatto fumante davanti all'amico e gli riempì il calice con un Pigato dai riflessi verdognoli. «Come fare il pesto e metterci le noci al posto dei pinoli... e ci son quelli che lo fanno!»

Maffei attaccò a masticare con metodo, assaporando ogni boccone in religioso silenzio.

Quei ritrovi nel capanno, nel tardo pomeriggio della domenica, per Maffei erano segreti e avvenivano all'incirca ogni due settimane da un paio d'anni. I due vecchi amici, e per certi versi colleghi, li chiamavano merende.

L'invito era in codice, ma in Questura ormai tutti sapevano. Il venerdì sera Righetti insinuava la testa calva nell'uscio di Maffei e strizzava l'occhio: «Allora ci si vede domenica a merenda?»

«Sì.»

Era tutto organizzato in due parole.

Una partita a carte o a calciobalilla e un manicaretto di Righetti, due chiacchiere in libertà. A volte c'era focaccia con la cipolla, a volte col formaggio, altre volte la farinata, il baccalà fritto, i pomodori gratinati con pangrattato, aglio e origano oppure una torta di erbette. Righetti soddisfaceva la sua passione culinaria e Maffei se ne stava tranquillo per due ore, mangiando qualcosa di buono, lontano dalla ordinatissima e rigorosissima moglie, che, a beneficio del suo stomaco sofferente di iper acidosi e reflusso gastroesofageo, suo malgrado, gli infliggeva una dieta insipida e deprimente. E quando tornava a casa, all'ora di cena, mangiava ubbidiente la minestrina e i cinquanta grammi di ricotta che gli spettavano.

Alla fine della merenda Righetti accavallava le gambe e accendeva la sua pipa di schiuma, Maffei allentava la cintura e dava fuoco a una Nazionale senza filtro.

A volte non dicevano niente, fumavano in silenzio osservando il panorama al tramonto e il mare che si tingeva di rosso.

Questo stavano per l'appunto facendo, alle 17.25 di quella domenica 16 settembre: guardavano il mare plumbeo dalle piccole creste di spuma bianca e il cielo striato di pioggia, quando il telefono a muro – una derivazione del telefono di casa – prese a squillare, facendo sobbalzare Maffei.

«Oh, *parbleu*!» fece Righetti, cavandosi di botto la pipa di bocca. «Chi è che sfrancica i cosiddetti a quest'ora di domenica?»

Si alzò e staccò il ricevitore. «Pronto!»

Seguì qualche secondo di silenzio in cui si udì una voce concitata uscire dalla cornetta.

«C'è, ma non c'è», disse Righetti con aria serafica, per tutta risposta.

Una pausa di alcuni secondi, altro gracchiare dalla cornetta.

«Sarebbe a dire che c'è, ma per te che chiami per rompergli i coglioni non c'è... È domenica!»

Del resto un perito della Giudiziaria non è un commissario della Giudiziaria e per i periti la domenica è domenica per davvero. Ma per un commissario...

Maffei aveva già capito l'antifona, aveva lasciato andare un sospiro e, con la sigaretta penzoloni incollata al labbro, si era alzato e si era diretto al telefono. «Lascia perdere e non metterti a farmi da mamma. Se mi cercano ci sarà una grana.»

«Ah, questo è poco ma sicuro», ribatté Righetti facendo spallucce. «Se rispondi è peggio per te. Sarai subito nei guai fino al collo e... ti saluto domenica!»

Maffei gli prese la cornetta dalla mano. «Pronto!»

«È lei, capo?»

«No. Sono mia sorella Clotilde!»

«Come dice?»

«Eh be', diamine, Rosati! A volte fai certe domande cretine che... Chi vuoi che sia? Certo che sono io!»

Il povero ispettore Rosati deglutì a vuoto. «Scusi, capo, era per dire. C'è una grana.»

«Sentiamo!»

«Hanno chiamato poco fa. Una donna strangolata.»

«Morta?»

«Sì.»

«Dove?»

«Sestri Ponente. Vicino alla stazione ferroviaria.»

«Cosa si sa?»

«Poco e niente. Pare che sia stata aggredita da un tizio, un uomo che è subito sparito.»

«Testimoni?»

«Sembra che un passante, un tale appena sceso dal treno, abbia visto qualcosa. Io adesso vado là e ho pensato di metterla al corrente.»

«Hai fatto bene. Tu vai subito che io arrivo. Vengo con la mia macchina. Faccio prima che posso. Avvisa la procura e avvia la solita routine. Vicino alla stazione, hai detto?»

«Proprio accanto, davanti alla pesa pubblica.»

«Ho capito. Arrivo!»

Il commissario Maffei schiacciò la cicca nel posacenere e allargò le braccia. «Caro Rodolfo, la festa è finita. Mi hanno accoppato una a Sestri. Devo andare. Vieni con me?»

«Non ci pensare nemmeno, i cadaveri dopo la focaccia di Recco non mi favoriscono la digestione.»

Maffei si infilò impermeabile e cappello, quindi diede un'occhiata all'orologio.

«Fammi telefonare a mia moglie. Con questa rogna stasera la cena la salto di sicuro. Meno male. Va' là che la tua focaccia col formaggio era un capolavoro!» E strizzò allegramente l'occhio all'amico. «E guarda che ci conto, sui funghi.»

Capitolo 4

Domenica 16 settembre, ore 18.45

Nonostante fosse domenica, il traffico era alquanto rallentato a causa della pioggia, e a tratti si formava qualche piccolo ingorgo. Per andare da Sant'Ilario a Sestri Ponente Maffei ci impiegò all'incirca un'ora e quando arrivò sul luogo del delitto il cadavere era già stato rimosso, l'area era delimitata da nastri bianchi e rossi e una lampada bianchissima rischiarava ancora la scena. Data la pioggia, il gesso non si poteva usare e così una sequenza di legnetti indicava la posizione del corpo.

Alcuni curiosi venivano tenuti a debita distanza dagli agenti di Polizia. Gli uomini della Scientifica erano ancora al lavoro e ogni tanto si vedeva un lampo al magnesio.

Aveva smesso di piovere. Maffei scese dall'auto e non si mise l'impermeabile, spinse all'indietro il cappello e si avvicinò a uno dei due gruppetti di persone che spiccavano nell'ovale di luce bianca. Strinse qualche mano. «Signor giudice... signor sostituto procuratore... dottor Mariotti... Ho fatto prima che ho potuto, ma...»

Il giudice istruttore era il solito Onorio Repetto, con il quale Maffei aveva lavorato decine di volte, mentre il sostituto procuratore era un giovanotto biondo che non aveva mai visto e che si presentò come Augusto Manfredi. Poi c'era il dottor Mariotti, il medico legale, con i suoi occhialetti pieni di ditate e la giacca stazzonata quasi quanto quella di Maffei.

Il secondo gruppetto di persone era costituito dall'ispettore

Rosati e da tre anziani: due uomini e una donna che si stringevano l'uno vicino all'altro come un piccolo gregge di pecore.

«Buonasera, commissario», fece Rosati portandosi due dita al cappello.

A quel punto uno dei due uomini, quello vestito di grigio con gli occhi azzurri, che portava appeso al braccio un ombrello dalle bacchette divelte, si fece avanti a gran voce, alzando un dito. «Commissario, scusi, permette una parola? Almeno lei mi ascolti un attimo, per favore. Qui non mi ascolta nessuno!»

Maffei lanciò a Rosati un'occhiata interrogativa.

«Sono i testimoni, capo, solo che questo qua strepita. Vuole andarsene a casa a tutti i costi, ma io... ho chiesto anche al signor giudice e lui...»

A quelle parole, il giudice Repetto aggrottò la fronte e voltò le spalle al gruppetto, rivolgendosi al sostituto procuratore, come per evitare qualunque possibile contatto con l'uomo, che protestava con fermezza ma educatamente.

Maffei si avvicinò. «Che succede, qui?»

Tarcisio Marcenaro tese la mano e si inchinò appena, con un gesto rigido e fuori moda, un po' ridicolo perché appariva troppo deferente. «Permette, signor commissario? Ragionier Marcenaro Tarcisio, di anni sessantaquattro, pensionato, ex cassiere della Banca Commerciale Italiana di Sestri...»

Maffei non gli strinse la mano, lo squadrò dalla testa ai piedi con un'occhiata indifferente. «Ebbene?»

«Ebbene, vede, signor commissario, io devo assolutamente andare a casa. Subito. Ho una moglie inferma e con lei c'è una signora che le tiene compagnia. Ma io alle sei e venti, massimo venticinque, di solito torno a casa e la signora se ne va. Non può fermarsi oltre, mi capisce?» Tirò fuori una cipolla d'argento e la mise sotto il naso di Maffei. «Lo vede? Ora sono quasi le diciannove, io sono ancora qua e i suoi uomini e codesti signori della procura mi dicono che non posso muovermi sino a nuovo ordine e che dovrò rilasciare una deposizione. Ma io...»

«Lei è uno dei testimoni del fatto, giusto?»

«Sì, signor commissario, ciò non toglie però che io...»

«Quindi dovrà rilasciare una deposizione, non le pare?»

«Si capisce. Ma io non ho nulla in contrario, signor commissario, solo che mia moglie non può star sola... la signora che la guarda deve andare... e io...»

«Dove abita, lei?»

«Qui vicino. In via Andrea Costa, sarà un chilometro al massimo.»

Maffei tagliò la testa al toro con il suo solito modo brusco e pratico. Ammiccò verso gli altri due. «Senti, Rosati, anche quei due là sono testimoni?»

«Sì. Passavano in macchina e a momenti investivano questo signore che attraversava di corsa, subito dopo il delitto. Hanno visto uno che...»

«Va bene. Facciamo così. Quei due poi te li porti in ufficio e li fai deporre. Qua mi lasci Busalacchi, prendi generalità e indirizzo di questo signore e lo mandi a casa a guardare la moglie. Quando finisco qua ci vado io da lui, con Busalacchi, a prendere la sua deposizione.»

«Benissimo, commissario. Ho qua la sua carta d'identità.»

Il volto di Tarcisio restò immobile, ma i suoi occhi divennero più trasparenti e assunsero un'espressione luminosa e piena di gratitudine, quasi commossa, le labbra accennarono un pallido sorriso. «Grazie, commissario! Io l'ho detto subito, appena l'ho vista, che lei era una persona per bene, sensibile, comprensiva...»

Maffei fece una smorfia, alzò il cappello e si diede una grattata in testa. «Vada, vada», replicò bruscamente. «E non si muova di casa finché non arrivo.»

«Sissignore, signor commissario. Senz'altro. Come dice lei, signor commissario... a disposizione!»

Maffei sbuffò ed evitò per la seconda volta di stringere la mano che l'altro gli porgeva. Si avvicinò al gruppetto dei funzionari. Il giudice e il sostituto dissero qualche frase di circostanza, si salutarono e se ne andarono. «Buonasera, commissario, E buon lavoro!»

Maffei lasciò andare un sospiro. «E adesso vediamo se in

mezzo a tutto questo casino si riesce a capirci qualcosa. Chi è la vittima?»

«Tale Rosa Meneghelli, residente a Cairo Montenotte, di anni 56, pensionata: abbiamo trovato la carta d'identità nella borsetta insieme al biglietto, era arrivata col treno da Ventimiglia delle 16.45. È uscita dalla stazione, pioveva, c'era buio...»

«Si sa dove fosse diretta?»

«No.»

«Com'è andata?»

Intervenne il dottor Mariotti. «È stata strangolata. Il decesso è stato rapido.»

«Rapido quanto?»

«Mah! Due, tre minuti. La presa era salda e forte. Ma le saprò dire di più dopo l'autopsia.»

«L'arma del delitto?»

«Un filo di ferro oppure, più verosimilmente, un cavo di nylon molto robusto.»

«Lo abbiamo trovato?»

«No, signor commissario», rispose Rosati.

«E quelli là hanno visto qualcosa?» chiese Maffei indicando il gruppetto dei testimoni.

Rispose ancora Rosati. «Quello con la moglie inferma ha visto uno con l'impermeabile scuro che si avvicinava alla donna e faceva un movimento strano. Poi ha visto la donna portarsi le mani al collo, rantolando, e quindi accasciarsi.»

«Quindi ha assistito al delitto?»

«Così pare, anche se lì per lì non si è reso conto di cosa stesse succedendo. Gli altri due invece passavano in macchina e si sono fermati, perché avevano quasi preso sotto il tizio che attraversava di corsa per chiedere aiuto e – questo è davvero interessante capo – anche loro hanno visto comparire da quell'angolo un tale in impermeabile scuro che li ha guardati in un modo strano e poi si è subito dileguato, come se scappasse. Il che confermerebbe la testimonianza dell'altro.»

«Mm... Potrebbero riconoscerlo, questo tale dall'impermeabile?»

«Non ne ho idea, commissario. Per adesso stanno facendo una gran confusione, sentiremo nella deposizione, finora...»

«Certo, certo. Allora tu portati via i due che io penso all'altro. Ci vediamo più tardi, in ufficio.»

Gli uomini della Scientifica avevano finito e stavano radunando le loro attrezzature, i nastri furono rimossi, restarono i legnetti sul marciapiede, nell'angolo buio accanto alla pesa pubblica.

Il commissario Maffei, tutto spiegazzato e col cappello in mano, restò a guardarsi attorno come uno che abbia perduto un oggetto e non si rassegni ad andarsene senza averlo ritrovato. Entrò nell'atrio della stazione, deserto poiché a quell'ora non c'erano treni né in arrivo né in partenza, lo sportello della biglietteria era chiuso. Si piazzò con le mani in tasca davanti al tabellone dell'orario dei treni e prese a leggerlo distrattamente. «Dunque, il treno da Ventimiglia arrivava al binario 1 alle...»

«Commissario, può venire un attimo per favore?»

Si riscosse e seguì l'ispettore fuori della stazione, diede alcune disposizioni agli agenti. Poi girellò ancora un poco e scoprì che, dietro il casotto della pesa pubblica, cioè tra il casotto e il muretto della ferrovia, si apriva la porta di una toilette pubblica, buia, in condizioni igieniche men che dignitose. Accese la pila e diede un'occhiata.

L'ispettore Busalacchi, nel frattempo, aveva riconsegnato la carta d'identità a Tarcisio Marcenaro, questi l'aveva intascata, aveva ringraziato e aveva dichiarato, con voce stentorea, che si sarebbe trovato senz'altro a casa a disposizione delle forze dell'ordine, per qualunque evenienza e a qualunque ora.

Infine, si era avviato verso il centro di Sestri, con il suo incedere eretto, un po' rigido, a piccoli passi svelti e rigorosi, tutti uguali, le punte dei piedi leggermente convergenti.

Un attimo dopo, dal gruppo dei curiosi che ancora ristagnava attorno alla scena del delitto, si era staccato un individuo piuttosto basso, un po' curvo, con un cappello floscio e un impermeabile scuro stretto in vita, che gli si era messo alle calcagna con aria indifferente.

Capitolo 5

Domenica 16 settembre, ore 20.30

Serafino e Gina Tagliafico, a bordo della loro utilitaria, scortati dalla Giulietta della Polizia con il lampeggiante acceso, erano giunti davanti al palazzo della Questura, erano scesi e, in compagnia dell'ispettore Rosati – un bel giovanotto elegante, sui trent'anni – avevano salito con espressione intimidita l'algido scalone in stile ventennio fascista, che portava agli uffici della Polizia giudiziaria.

«Si accomodino», disse Rosati, indicando loro due sedie poste davanti a una scrivania illuminata da una luce al neon, e sparì dietro una porta.

I due sedettero in pizzo alle rispettive sedie e la Gina si diede un'occhiata attorno, poi sibilò in direzione del marito: «Il cappello!»

«Eh?»

«Dico, il cappello!»

«Cioè?» fece Serafino con aria stupita.

«Cioè, giù il cappello», intimò la Gina, perentoria. «Cerchiamo di non farci riconoscere come al solito, almeno in questura.»

«In che senso riconoscere, moglie?»

«Nel senso che siamo gente del popolo, gente di Cornigliano.»

«E ben? Cosa c'è di male a essere del popolo e di Cornigliano? Mio padre faceva il pescatore e non ha mai lasciato da dare un centesimo a nessuno. Io facevo il *besagnino* e nemmeno io ho mai lasciato...»

«Stupidaggini! È meglio far vedere che hanno a che fare con della gente come si deve», replicò la Gina col tono di chi la sa lunga. «In questi posti non si sa mai come va a finire.»

Serafino si tolse il cappello con aria rassegnata. «E va be'. Se senza cappello divento come si deve...»

Sul muro, sotto a un crocifisso, c'erano appesi un calendario e una serie di fotografie segnaletiche. «Che brutti ceffi», disse Serafino.

«Eh, ben», ribatté la Gina con aria esperta. «Sono delinquenti. Si sa che i delinquenti hanno dei brutti ceffi.»

«Dici?» rispose Serafino dubbioso. «Se bastasse guardare la gente in faccia per capire se è onesta, i poliziotti sarebbero disoccupati.»

In quel mentre la porta si aprì e l'ispettore Rosati fece il suo ingresso, seguito da un agente in uniforme che andò a piazzarsi dietro la macchina da scrivere, posata su un tavolino a fianco della scrivania.

«Allora», disse l'ispettore. «Raccontatemi cosa è successo, l'agente verbalizzerà la vostra deposizione.»

«Io stavo guidando...» attaccò Serafino.

«Stava guidando, ma non ha fatto niente. È quel tale che si è messo ad attraversare la strada senza guardare, e...»

«A un certo punto ho sentito un piccolo colpo nell'automobile e...»

«Era quel tale, ma non si è fatto niente, le dico! Proprio niente», interruppe di nuovo la Gina.

Rosati prese un respiro e cercò di non sbottare. «Signora, uno alla volta, per piacere. Adesso lasci parlare suo marito. E si ricordi che non siete qui per l'incidente, ma per deporre su un omicidio. Cosa avete visto?»

Serafino ebbe uno scatto di collera. «Moglie! Stai un po' zitta e lascia parlare a me che so quel che mi dico.»

La Gina allora si fece solennemente croce e crocetta sulla

bocca e mise su un'espressione offesa. «Io non parlo più. Mi cadesse la lingua se parlo!»

«Accontentatela!» esclamò Serafino, levando gli occhi al cielo.

«Dunque, signor Tagliafico...»

«Ecco. Siamo scesi dalla macchina e quel signore si è rialzato subito, gli si era guastato l'ombrello, ma non ha voluto assolutamente essere accompagnato all'ospedale. Mi ha preso per un braccio e mi ha tirato in un angolo buio...»

«Era come stranito», intervenne subito la Gina. «Si guardava attorno come se cercasse qualcuno!»

«Fatto sta», riprese Serafino, «che nell'angolo buio c'era una donna per terra. Morta.»

«Che impressione, signor commissario!», esclamò la Gina. «Aveva la lingua di fuori e la faccia...»

«Prego, ispettore», la corresse Rosati.

«Ah, sì?» fece la Gina. «Ma vedrà che presto la faranno commissario.»

«Fatto sta», riprese Serafino, «che era proprio morta.»

«E poi cosa è successo?»

«Poi è arrivato lui», rispose la Gina.

«Lui chi?»

«Ma l'assassino, naturalmente.»

«Calma, calma. Come fa a dire che era l'assassino? Lo avete visto commettere il fatto?»

Serafino, ormai sgomento, non provò nemmeno a interloquire.

«Ma ce lo ha detto lui!» precisò la Gina.

«Cioè», chiese Rosati, «l'uomo che è arrivato ha detto di essere l'assassino?»

«Certo che no, ispettore! Non lui. Lo ha detto quell'altro, quello con l'ombrello rotto.»

Serafino intervenne d'autorità. «Moglie, la lingua non ti è caduta, ma cerca di stare un po' zitta lo stesso. Dunque, ispettore, a un certo punto è arrivato un tizio – non so da dove arrivasse – che si è fermato e ha guardato fisso l'uomo che avevo investito e poi se ne è andato. E quello investito ha detto che questo tale era quello che aveva ammazzato la donna. Lo aveva visto lui.»

«Ma sembrava spaventato, come se non sapesse cosa dire e cosa fare», aggiunse la Gina. «Non mi sembrava tutto a posto. Tanto che io avevo pensato che avesse battuto la testa.»

«Uhm!» mugugnò Rosati. «E voi lo avete visto bene il secondo uomo?»

«Certo che sì, ispettore. Pensi che mi ha addirittura sfiorata. Pensi un po' che rischio...»

«Bene. Allora potete descriverlo.»

I due si scambiarono un'occhiata esitante. «Era uno alto più o meno così», fece Serafino indicando l'altezza con la mano.

«Dici, Serafino? A me pareva un po' più alto.»

«Insomma», ricapitolò Rosati. «Diciamo un metro e sessantacinque, un metro e settanta all'incirca.»

«Sì. Teneva le mani in tasca e sembrava un po' gobbo.»

«E com'era vestito?»

«Questo è facile. Con un impermeabile scuro e un cappello a tesa larga.»

«Scuro di che colore?» incalzò Rosati.

«Mah, scuro. Non saprei», rispose Serafino esitante.

«Aveva il bavero alzato», precisò la moglie.

«E in faccia lo avete visto bene?»

«Sissignore!» affermò la Gina risoluta.

«E com'era?»

La sicumera della signora Tagliafico si smorzò all'istante. «Mah, uno normale, col cappello.»

«Giovane?»

«Difficile dirlo», rispose Serafino. «Poteva avere trenta, trentacinque anni...»

«Anche quaranta!» aggiunse la moglie. «Alle volte col cappello in testa sembrano più giovani perché non si vede che sono pelati.»

«Bene. Età fra i trenta e i quarant'anni», tagliò corto l'ispettore. «Viso?»

«Eh, sì», disse la Gina. «Aveva il viso.»

Rosati finalmente ebbe un moto di stizza. «Intendo dire forma del viso. Lungo, tondo, quadrato, grasso, magro?»

La risposta fu unanime. «Lungo e magro.»

Ma la Gina aggiunse. «Io gli ho visto gli occhi, sotto la tesa del cappello. Aveva come una specie di tic. Dopo aver guardato fisso il tizio dagli occhi celesti ha strizzato gli occhi due volte, così, e se ne è andato. Sparito.» La Gina mimò il tic con una certa efficacia.

Dopo tre quarti d'ora di vaneggiamenti, Rosati era finalmente riuscito a mettere insieme una deposizione decente, che i due firmarono di buon grado. Dopodiché li mise alla porta con un sospiro di sollievo.

«Santo cielo!» disse rivolto all'agente. «Ho sudato sette camicie. E pensare che quel pover'uomo se la sopporta giorno e notte, quella lingua di ciabatta.»

«Quando fanno tutto quel casino», sentenziò l'agente, «è perché hanno qualcosa da nascondere e intorbidano le acque.»

«Come no», rispose Rosati, scoraggiato.

I coniugi Tagliafico, nello stesso momento, scendevano lo scalone della Questura.

«Cosa dici, Serafin, ci avrà creduto?»

«Non vedo perché non dovrebbe. Secondo te?»

«Ah, io non lo so. Hai detto tutto tu.»

Capitolo 6

Domenica 16 settembre, ore 20.45

La porta si aprì e Tarcisio Marcenaro, che indossava una vecchia giacca da casa in velluto, fece un rigido inchino e strinse la mano al commissario: una stretta debole e umidiccia che, date le circostanze, il commissario non riuscì a evitare. Poi si scostò e si prodigò in un ampio gesto cerimonioso. «Ecco. Si accomodi, signor commissario. Da questa parte. E grazie tante per la sua comprensione e per essersi incomodato di persona.»

Tarcisio Marcenaro fece accomodare il commissario Maffei e l'ispettore Busalacchi in un salottino lindo e ordinatissimo, ma nudo, cioè privo di qualunque ninnolo, soprammobile, fotografia. E questo indusse nel commissario uno stato di sgradevole disagio, come se si trovasse in un ambiente non umano, ma artificioso, dove nessuno vivesse veramente. Del resto, di primo acchito, quell'uomo grigio e ossequioso, forse troppo, non gli aveva ispirato alcuna simpatia e ora la sua casa gli appariva altrettanto poco attraente.

C'erano un divano e due poltrone foderati di cretonne a fiorami, due sedie, un apparecchio televisivo piuttosto grande e, in un angolo, accanto alla porta-finestra che immetteva nel giardinetto, una donnona seduta su una sedia a rotelle che scrutava i nuovi venuti con uno sguardo torvo e diffidente.

«Mia moglie, commissario.»

«Chi sono questi?» chiese la donna, con tono scontroso. «Sono venuti insieme a quell'altra?»

«No, cara. I signori sono della Polizia e devono farmi qualche domanda. Polizia, hai capito?»

«E quell'altra che mi guarda sempre?»

«Non c'è, cara.»

Tarcisio spiegò, abbassando la voce. «Vede la sua immagine riflessa nella specchiera dell'armadio e crede che ci sia una donna che la osserva. Se voglio star tranquillo mi tocca velare gli specchi.»

La donna riprese con voce piagnucolosa. «E mi portano a Triora questi qua? Perché io sono di Triora e ho due fratelli che mi aspettano...»

«Sì, buonanotte!» fece Tarcisio sorridendo debolmente al commissario. «Abbia pazienza, ma è sempre così. È una fissazione. Non ha fratelli e a Triora non c'è mai stata, ma continua a ripetere sempre la stessa cosa. Se non le spiace la porto in camera sua, così potremo parlare tranquilli. Vieni cara, andiamo a riposare.»

«Riposare?» chiese stupita la donna. «Come riposare? Devo ancora piegare un sacco di camicie, di là. Le ho appena stirate. E se non le metto a posto io, poi...»

Tarcisio la spinse via e tornò poco dopo.

«Ecco fatto. Abbiano pazienza! Vedranno che tra un po' mi chiama. Non le piace essere lasciata sola in camera quando di qua c'è qualcuno con me.»

Maffei sospirò con aria stanca, posò il cappello su una sedia e sedette su una poltrona. «Dunque, signor...» fece schioccare le dita. «Come abbiamo detto che si chiama?»

Il giovane ispettore non fece in tempo a rispondere perché l'uomo intervenne subito, col tono del soldato semplice che risponde al capitano. «Ragionier Marcenaro Tarcisio, di anni sessantaquattro, pensionato, ex cassiere della Banca Commerciale Italiana, commissario!»

«Ecco, appunto, signor Marcenaro. Vuole raccontarmi con calma come si sono svolti i fatti? L'ispettore qui presente verbalizzerà la sua deposizione.»

«Ma si capisce, signor commissario. A disposizione!»

L'ispettore Busalacchi, un giovanotto smilzo e bruno dal colorito olivastro, sedette sulla seconda poltrona e tirò fuori penna e taccuino, accingendosi a prendere appunti.

Maffei si passò la mano sui capelli e fissò l'uomo con uno sguardo distratto, come se l'altro fosse trasparente. «Dunque racconti dall'inizio, con calma e con ordine, per favore. Come sono andate le cose?»

Tarcisio si accomodò per bene sul divano e accavallò le gambe. Prese a parlare con voce monocorde. «Vede, commissario, la domenica è il mio giorno di libertà. Affido mia moglie a una signora e me ne vado a spasso in centro. Oggi ero appena sceso dal treno proveniente da Genova Brignole, alle quattro e mezzo passate, quattro e quaranta circa. Di solito rincaso più tardi, alle diciotto, ma oggi pioveva forte e così ho anticipato il rientro. Mentre risalivo dal sottopasso, al primo binario è arrivato un altro treno e sono scese un po' di persone. Si è creata confusione e ci siamo avviati tutti insieme all'uscita. Fuori era buio perché l'illuminazione era ancora spenta. In una giornata simile, tenere spente le lampade! Comunque, la maggior parte delle persone ha attraversato al semaforo e si è infilata sotto i portici di via Biancheri – ha presente? – ma io non ho fatto in tempo, perché quando sono arrivato il semaforo era di nuovo rosso, e così, per l'appunto, ho preso a sinistra per attraversare più giù, all'attraversamento pedonale che c'è più avanti, verso ponente. Davanti a me camminava una donna. Pioveva e io procedevo curvo sotto l'ombrello, alzavo lo sguardo solo a tratti, per lo più facevo attenzione a dove mettevo i piedi per evitare le pozzanghere. A un certo punto ho alzato gli occhi e ho visto che oltre alla donna, più precisamente alle sue spalle, cioè tra lei e me, c'era un uomo con l'impermeabile scuro e un cappello floscio, ma non saprei dirle se veniva dalla stazione insieme a noi.»

Tarcisio fece un'espressione sgomenta, quasi a scusarsi, e Maffei si trattenne dallo sbuffare. Non c'era certo bisogno di fargli le domande, a quello. Non serviva affatto, come nella maggior parte dei casi, aiutarlo a far ordine nei pensieri, a mettere in fila i concetti: sembrava non avesse fatto altro, nella vita, che fare rapporto alla Polizia circa un delitto al quale aveva appena assistito.

Dall'altra stanza arrivò un urlo. «Tarcisio!»

«È mia moglie.»

«Tarcisio, vieni qua! Perché mi hai lasciata sola?»

Marcenaro levò gli occhi al cielo e lanciò a Maffei uno sguardo pieno di sopportazione. «Glielo avevo detto!»

«Chi c'è lì con te? È quella là?»

«No, cara, è la Polizia. Arrivo!»

Si assentò un paio di minuti, durante i quali nel salotto giunse un mormorio sommesso e monotono. Poi l'uomo tornò, riprese il suo posto e proseguì il racconto.

«Tra poco chiamerà di nuovo, vedrà. Dunque, dicevo che era buio e non ho notato da dove provenisse l'uomo», riprese Tarcisio. «Fatto sta che me lo sono trovato davanti. Si è avvicinato alla donna all'improvviso e ha fatto un movimento rapido e strano, che mi ha sorpreso. Così, come a farle passare qualcosa attorno al collo.» Tarcisio si alzò dal divano e mimò il gesto. «Dopodiché lei è caduta a terra come un sacco, l'altro si è chinato, ha armeggiato un po' sul corpo, ho sentito uno strano verso, come un rantolo. La donna si dibatteva, ma poco dopo ha smesso ed è rimasta immobile. Poi l'uomo le ha sfilato qualcosa di dosso e ha proseguito per la sua strada, impassibile, come se niente fosse accaduto.»

«Mi scusi, signor Marcenaro», lo interruppe il commissario. «Quest'uomo non si è guardato attorno, prima di aggredire la donna? Non l'ha vista?»

«No, non mi pare, ma non potrei giurarlo.»

«E quanto è durata questa scena? Quanto ha impiegato l'uomo a strangolare quella poveretta?»

Marcenaro si strinse nelle spalle, con aria contrita. «Non saprei dirglielo, commissario. Così su due piedi direi che tutto si è svolto in fretta, ma ero come paralizzato, avevo paura. Capirà, mai mi sarei aspettato...»

«Due minuti? Tre?» lo incalzò il commissario.

«Non lo so davvero. In simili circostanze, sa, la percezione del tempo...»

«E non le è venuta la tentazione di intervenire? Di gridare?»

Tarcisio scrollò la testa con aria sconsolata. «No, commissario. Avevo paura e sono rimasto come paralizzato. Prima che mi rendessi conto di cosa stava realmente succedendo era già tutto finito.»

«A che distanza si trovava, lei?»

«Mah, difficile dirlo di preciso. Forse una decina di metri. Non mi sono mosso finché l'uomo non è sparito. Soltanto dopo ho trovato il coraggio di avvicinarmi.»

«Capisco benissimo», mormorò Maffei, con cortesia. «Vada pure avanti.»

«La donna era a terra e non si muoveva, capisce? A quel punto io mi sono chinato, ho guardato, l'ho toccata, ho visto la bocca spalancata, la lingua fuori, gli occhi sbarrati. Allora ho capito che forse era già morta e mi sono guardato attorno, ma su quel lato della via non c'era nessuno... non sapevo cosa fare! Ho cercato di attraversare la strada di corsa per chiedere aiuto, ma a quel punto ho urtato una macchina che passava e sono caduto per terra. I due signori della macchina sono scesi e mi hanno soccorso: volevano portarmi all'ospedale. Ma io non mi ero fatto niente, commissario, perciò ho rifiutato. E poi non avrei potuto. Mia moglie, capisce...»

Tarcisio si passò una mano sugli occhi, con un gesto quasi doloroso. «È stato a quel punto che il tizio di prima, quello con l'impermeabile scuro, è sbucato dal nulla, mi ha guardato fisso per un attimo e poi se ne è andato. Capisce, commissario? Era uno sguardo... come dire... di minaccia, ecco!»

«Di minaccia?»

«Sì, di minaccia. Capirà, lo avevo appena visto...»

«Già. E poi?» chiese Maffei.

«E poi cosa?» rispose Tarcisio gentilmente, piegando appena la testa di lato.

Maffei si agitò un momento sulla poltrona e rispose bruscamente. «Intendo dire: che ne è stato di quell'uomo?»

«Non lo so, commissario. Glielo ho detto: mi ha guardato e se ne è andato. Senza dire una parola.»

«In che direzione?»

«Verso ponente.»

Maffei lanciò un'occhiata in tralice a Busalacchi e al suo taccuino. «E lei saprebbe descrivercelo, quest'uomo?»

Tarcisio si adombrò un attimo, gli occhi azzurri si incupirono. «Purtroppo temo di non poter essere troppo efficace al riguardo, signor commissario. È stato un attimo e più che altro l'ho veduto al buio e di spalle, nella pioggia. Ma in quell'attimo in cui mi ha guardato... be', direi che era un uomo non più alto di un metro e sessantacinque, un po' curvo, non grasso...»

«Età?»

«Non saprei. Non giovane, non vecchio. Forse quarant'anni, ma non ci giurerei. Del resto ero così sconvolto che...»

«Viso lungo, tondo, quadrato?» si intromise Busalacchi.

Tarcisio parve cercare nella memoria. «Non saprei. Tondo no, non mi pare, Forse lungo. Portava un cappello a tesa larga e il bavero rialzato. La luce era poca. Era un tipo qualunque, ecco. E poi è stato un attimo.»

Maffei si alzò di scatto. «È tutto? Non le viene in mente altro?»

«No, signor commissario.»

«Bene. Allora domani o dopodomani al massimo, per favore, passi in Questura a firmare la sua deposizione.» Maffei gli allungò un biglietto da visita. «Se nel frattempo le venisse in mente qualcos'altro non esiti a chiamarmi.»

Tarcisio fece un lieve inchino e un piccolo scatto, quasi si mettesse sull'attenti. «Non dubiti, signor commissario! Sarà mia premura. Lei è stato molto gentile!»

«Dovere. Non c'è di che.»

Maffei e Busalacchi si avviarono verso la porta di casa. Nel corridoio Maffei notò che una sola porta aveva la chiave inserita nella serratura.

«La camera della signora?» chiese il commissario, come per caso.

«Sì.»

Nel corridoio, su una deprimente tappezzeria a righine grigie, erano appese due stampe dozzinali. Nell'ingresso c'era un mobile con specchio – sul quale poggiava il telefono – fiancheggiato da due applique in latta smaltata di verde. Anche lì nessuna fotografia. Ogni oggetto appariva perfettamente pulito e in ordine, ma triste.

Chissà se Tarcisio Marcenaro aveva l'abitudine di mettere la moglie sotto chiave, la notte.

Il commissario, mentre attraversava il portone, si rivolse all'ispettore con un'occhiata vaga. «Uhm, che tipo! Sembra la caricatura dell'impiegato modello in pensione. Non so perché, ma mi dà sui nervi.»

«Sì», rispose il giovane Busalacchi. «È un po' pedante ed eccessivamente cerimonioso, ma sembra un tizio a posto. Molto preciso e attendibile. Fossero tutti così, i testimoni. Di solito fanno un casino...»

«A proposito di precisione. Per prima cosa, vediamo se i fatti esposti e la descrizione dell'uomo misterioso coincidono con quelli riportati dagli altri due testimoni. Li sta interrogando Rosati. E poi c'è un'altra cosetta che dobbiamo controllare...» alzò le spalle. «Bah, non è urgente, ci penseremo domani.»

Capitolo 7

Domenica 16 settembre, ore 22.15

Il commissario Maffei appese cappello e impermeabile all'attaccapanni e andò ad aprire la porta della stanza degli ispettori. Ci spinse dentro la testa un attimo e la ritrasse subito. «Rosati!»

«Eccomi, capo!»

L'ispettore Rosati sedette davanti alla scrivania del commissario, accavallando le gambe dopo avergli consegnato un fascicolo.

Maffei aveva l'espressione stanca e fece un gesto con la mano, il palmo in alto stringendo le dita come a spremere un'arancia, a significare «riassunto, sintesi», e con l'altra mano allontanò il fascicolo da sé.

«Che ci dicono i due?»

«Tagliafico. Serafino e Gina Tagliafico, capo. Erano agitati. Ho fatto una fatica bestia a metterli in ragione e tirar fuori una deposizione che avesse un senso. Specialmente lei, capo, è una che...»

«Taglia!»

«Be', dicono che viaggiavano verso levante – venivano da Prà e andavano a Cornigliano – e stavano passando davanti alla stazione di Sestri. Era buio...»

Maffei lo interruppe con un gesto spazientito. «Questo lo so. L'illuminazione pubblica era ancora spenta e pioveva, porcaccia la miseria, lo so! Vai avanti!»

«Hanno urtato un tizio che attraversava precipitosamente la strada, il Tarcisio Marcenaro, e...»

«So anche questo, è la terza volta che lo sento dire. Senti, dammi qua la deposizione che leggo e facciamo prima.»

Maffei aprì l'incartamento, lesse e ci batté sopra il dorso della mano. «Oh! Ecco qua il nocciolo. Vedi?»

Il commissario allungò a Rosati la deposizione di Marcenaro. «Vedi? Le due deposizioni collimano perfettamente, sia per quanto riguarda la dinamica dei fatti che per quanto riguarda la descrizione di questo fantomatico individuo dall'impermeabile scuro e il cappello floscio. Guarda! Anche per loro... bavero rialzato, non troppo alto, né giovane né vecchio...»

«Già», fece Rosati grattandosi la nuca. «Il che vuol dire...»

«Il che vuol dire che questo tizio esiste per davvero e che, se quello che dice il Marcenaro è vero, sarebbe l'assassino.»

«Già. Così sembrerebbe.»

Maffei accese una sigaretta. «Questa storia non mi piace, non mi piace per niente. Perché l'assassino, invece di darsela a gambe, dopo il delitto resta nei paraggi e si fa vedere da ben tre persone, come un allocco?»

«Forse perché non si è reso conto che il Marcenaro gli era alle spalle e lo ha visto compiere il delitto?» suggerì l'ispettore.

«Può essere. Ma, dico io, uno che sta per accoppare una per la strada un'occhiatina intorno per vedere se c'è qualcuno la dà, non ti pare? Lo avrebbe visto. Oppure era certo di non essere riconosciuto. Mettiamo uno che arriva dall'estero o da un'altra città e se ne andrà subito dopo il delitto. Magari un professionista, un sicario.»

«In effetti ci sta, capo. Il comportamento lo lascerebbe pensare.»

«Però...» fece Maffei, titubante. «E se Marcenaro fosse intervenuto? Lui era chinato sulla donna a terra, aveva le mani impegnate...»

«Cosa vuole che le dica, capo, avrà confidato nell'effetto sorpresa, nella paura. Quante volte assassinano qualcuno per strada e i passanti non muovono un dito?»

«Già. Hai ragione. Da dove hai detto che arrivava la vittima?»

«Da Cairo Montenotte, via Savona. Cioè, aveva cambiato treno a Savona e aveva preso il diretto proveniente da Ventimiglia, con destinazione Genova Piazza Principe.»

«Uhm. Non è escluso che il tipo viaggiasse sullo stesso treno.»

«L'ho pensato anch'io. L'ha seguita e ha aspettato il momento buono.»

Maffei fece una smorfia. «Bah. Il momento buono... mica tanto. Con il ragioniere precisino alle calcagna che vedeva tutto!»

«Se è un professionista che arriva da chissà dove se ne frega, capo.»

«Anche questo è vero. Quelli sono impuniti. Che sappiamo della vittima?»

Rosati prese a leggere. «Rosa Meneghelli, 56 anni, pensionata, ex parrucchiera di Cairo Montenotte. Vedova, vive sola da dieci anni. Nessun precedente e una vita più che regolare. Abbiamo contattato la Polizia di Cairo e loro ci hanno già mandato un bel po' di informazioni. Sono stati efficientissimi. Insomma, dalle informazioni che abbiamo per ora, niente di speciale da segnalare. Una signora per bene.»

«Uhm. Naturalmente la rapina è da scartare...»

«Sì, commissario. La borsetta non è stata toccata e dentro c'erano cinquemila lire più un po' di spiccioli.»

«Mah!» Maffei aveva un'espressione scoraggiata. «Che sia stata scambiata per qualcun'altra?»

«E chi può dirlo?»

«Già. Per ora siamo in un vicolo cieco. Dobbiamo continuare a scavare nel passato della vittima e nel suo presente. Vicini, parenti, conoscenti, tresche, liti... tutto. Mi raccomando!»

Il commissario Maffei si alzò e andò a piantarsi davanti alla finestra, oltre la quale, giù in basso, si scorgevano le automobili scorrere sul viale Delle Brigate Partigiane e sembravano le figurine di un modellino in scala, il plastico di un trenino giocattolo.

Maffei alzò le spalle. «Dopotutto siamo solo all'inizio e non si può mai dire.»

Eppure, per come si presentava al momento quel caso, fin dalle prime battute, il commissario aveva un brutto presentimento: gli sembrava uno di quei delitti destinati a restare insoluti dopo aver annaspato giorni e giorni in ogni direzione, a vuoto.

Un articolo in prima pagina il giorno dopo, in seguito un trafiletto in terza e infine via, nel dimenticatoio. Omicidi del genere riempiono gli scaffali della questura. Casi insoluti, senza un appiglio, senza un minimo aggancio.

Così non andava. Stava facendo tutto da solo e si stava auto scoraggiando in anticipo, senza motivo. Dopotutto, si stava occupando di quella faccenda solo da poche ore e già si stava convincendo che forse sarebbe stata un fiasco. Che fosse il tempo grigio e uggioso a deprimerlo in quel modo?

Tuttavia, non erano solo fisime depressive, doveva ammetterlo, c'era dell'altro. C'era l'esperienza, il repertorio di casi trattati nella sua lunga carriera, al quale si rivolgeva sempre all'inizio di un'inchiesta per trovare analogie e inquadrarla in una determinata casistica. Qualunque cosa si possa scrivere è già stata scritta e qualunque cosa accada è già accaduta, o quasi.

Per questo aveva chiaro in testa come la maggior parte dei casi che finivano per restare insoluti cominciavano proprio in quel modo. Con una vittima sulla quale, alle prime indagini, non risultava niente da dire, nessun ragionevole movente. Un assassino che appariva e spariva nel nulla nel fulgore di un baleno. Fosse almeno sparita la borsetta, il denaro, si sarebbe potuto pensare a un balordo. Invece niente. A prima vista un delitto senza scopo.

Nella maggior parte dei casi, la pista che avrebbe portato alla soluzione si intravvedeva quasi subito. Un amante, un marito geloso, interessi controversi, una lite, un vecchio rancore, vicini invidiosi, un'eredità, qualcuno che riteneva di aver subito un'ingiustizia. Qualunque cosa.

Elementi che, in genere, si delineavano nel giro di poco tempo, consultando gli archivi, sentendo le caserme dei carabinieri, i posti di Polizia, i vicini e i conoscenti della vittima, i suoi parenti, che venivano interrogati al più presto, nel giro di qualche ora, come avevano appena fatto i colleghi di Cairo Montenotte.

«Ha qualche idea, capo?»

«Nemmeno mezza.»

Ma forse non era nemmeno quello a farlo sentire a disagio. Era una sensazione più sottile, imprecisata, come il presentimento che qualcosa di altrettanto brutto sarebbe potuto accadere di lì a poco, non essendo per il momento venuto fuori nessun vago movente: aspetto che rendeva tutto ancora più inquietante.

Bofonchiò come se parlasse a se stesso, senza smettere di guardare fuori della finestra. «Innanzitutto si dovrebbe scoprire perché diavolo era venuta a Sestri e dove stava andando.»

«Non si sa, capo. Viveva sola e alla vicina aveva detto che sarebbe uscita nel pomeriggio e tornata a tarda sera. Sembra che fosse un tipo molto riservato.»

«A tarda sera... a che ora è partita?»

«Ha preso il treno delle 14.15 a Cairo Montenotte e poi...»

Maffei si voltò all'improvviso.

«Però vedi, Rosati, ci sono due cose che mi danno un gran fastidio. La prima: perché un professionista dovrebbe scomodarsi per ammazzare senza un motivo apparente, in una sera di pioggia, una tranquilla ex parrucchiera in pensione che scende alla stazione di Sestri Ponente. La seconda: l'assassino ha visto Marcenaro e, se tutto quadra, Marcenaro è l'unico testimone del delitto. Ora, se per caso si tratta di un professionista...»

«Lei dunque pensa che...»

Maffei levò la mano, il dito indice alzato al soffitto. «Alt! Io non penso proprio niente, caro Rosati, ma metto in fila le possibilità. E questa del professionista è una possibilità che non mi piace. Non mi piace per niente.»

Maffei alzò le spalle e fece un'espressione scontrosa, ingrugnata. Insomma, si vedeva che era combattuto, che non sapeva risolversi ed era scontento.

«Perché quel Marcenaro, dico...»

«Eh, già capo. Potrebbe essere in pericolo.»

In effetti il commissario, dentro di sé, stava vivendo un vero conflitto di coscienza.

«Senti, Rosati, facciamo così. Stanotte metti un agente di guardia davanti alla casa di Tarcisio Marcenaro. Non si sa mai.»

«Ci avevo pensato anch'io.»

Il commissario fece di nuovo spallucce. «Domani vedremo. La notte porta consiglio e comunque... non si sa mai! Per adesso facciamo in questo modo, per precauzione.»

Così, verso mezzanotte, dopo aver mangiato un panino al prosciutto e aver bevuto un bicchiere di vino bianco stando in piedi davanti alla finestra, il commissario Maffei se ne andò finalmente a casa, alquanto confuso, ma un po' più tranquillo.

Capitolo 8

Martedì 18 settembre, ore 8

«Ecco qua lo zuppone!»

Tarcisio Marcenaro accostò la sedia a rotelle al tavolo della lindissima e ordinatissima cucina, mise attorno al collo della moglie un ampio bavaglino e le pose davanti una scodella piena di caffellatte e biscotti spezzettati.

«Non lo voglio lo zuppone», replicò la donna con voce infantile e petulante. «Non mi piace. Voglio pane e salame e un bicchiere di vino!»

«Invece niente, cara. Ti tocca lo zuppone, come ogni giorno. Ci mancherebbe altro che cominciassimo a barbera fin dal mattino.» Tarcisio si lasciò andare a una breve, secca risatina metallica. «Un goccio di vino a pranzo e basta, cara, questo ti tocca.»

«Sei cattivo e io voglio andare a Triora.»

«E come no, cara. Ti ci porto domani, a Triora.»

Tarcisio Marcenaro, come ogni mattina, si era alzato di buon'ora, aveva fatto la sua toeletta, si era sbarbato e vestito con cura, poi era passato nella camera della moglie – giacché dormivano in camere separate – l'aveva svegliata, lavata, vestita e sistemata sulla sedia a rotelle, e l'aveva spinta in cucina.

Poi aveva preparato la colazione, pesando accuratamente su una piccola bilancia di precisione, di quelle da farmacista, le quantità di cibo destinate alla donna: latte, uno spruzzo di caffè, un certo quantitativo di biscotti, un cucchiaino di zucchero.

«Ecco qua, cara. Mica è per cattiveria, vero, ma non puoi

mangiare quel che ti pare, lo sai bene. Il dottore è stato chiarissimo: tenere sotto controllo glicemia, trigliceridi e colesterolo, altrimenti sono guai. L'infermità è già di per sé una rovina. E noi non ci possiamo permettere altri problemi, cara, nel modo più assoluto. Ci mancherebbe solo che ti ammalassi peggio di così.»

In realtà Tarcisio non stava parlando davvero alla moglie, che non lo seguiva affatto e capiva quasi nulla, anzi, si limitava a ripetere sempre le stesse frasi come un disco rotto. Tarcisio parlava alla moglie, ma in realtà parlava a se stesso, così come avrebbe potuto parlare a un gatto o a un canarino, una presenza nella stanza che non avrebbe interloquito né obiettato alle sue osservazioni.

«Guardati lì. Già pesi troppo, incastrata come sei dalla mattina alla sera su quella benedetta sedia, figuriamoci se ti si sballano pure le analisi del sangue. E poi come facciamo? È per il tuo bene, sai? E anche per il mio, perché dopotutto... se tu dovessi stare peggio ancora di così, io come me la caverei? Devi assolutamente vivere, mia cara. Cosa farei io senza di te? No, tu devi star bene, mi ci mancherebbe solo quella!»

Ma la donna non lo ascoltava più da un pezzo. Aveva preso a mangiare ingordamente, sbrodolandosi il bavaglino.

Che la donna non ci fosse più con la testa Tarcisio se ne era reso conto in fretta, molti anni prima – e pazienza – ma che finisse anche inferma, preda di una paralisi lenta e progressiva, quella era stata una novità veramente inaspettata, che aveva cambiato del tutto la sua vita, le sue abitudini, i suoi progetti. Non sarebbe dovuta finire in quel modo. Ma una caratteristica potentissima di Tarcisio Marcenaro, della quale ben pochi si erano avveduti, era la sua capacità di accettare la realtà, di reagire e adattarsi nel minor tempo possibile a qualunque circostanza imprevista, senza farsi sopraffare dall'ansia e senza perdere la lucidità.

Così aveva fatto anche di fronte alla malattia della donna: aveva semplicemente adeguato la traiettoria della sua esistenza senza scoraggiarsi, senza perdere d'occhio i suoi obiettivi e, soprattutto, senza lasciarsi deprimere o travolgere dagli eventi. Del resto, sarebbe stato inutile. Ne aveva passate di tutti i colori e aveva sistemato faccende d'ogni tipo, nella sua vita.

E adesso era arrivata quella nuova seccatura della domenica prima, per via del tizio con l'impermeabile scuro e tutto quel che era accaduto. Un'altra faccenda inattesa, che gli si era messa di traverso sulla strada come un carretto sfuggito di mano al padrone.

Certo che era stata una bella sfortuna! Se ne sarebbe potuto tornare a casa come sempre e invece, da un momento all'altro, era sbucato fuori quel tizio dal nulla e... e lui si era ritrovato invischiato in una storia dalle conseguenze inimmaginabili.

Era preoccupato. Ci aveva pensato a lungo e continuava a esserlo. Lui ancora se li ricordava gli occhi di quel tale, un po' gobbo, che lo fissava da sotto la tesa del cappello con uno sguardo sinistro e forse addirittura beffardo.

Al solo pensiero Tarcisio si sentì rabbrividire.

Che voleva da lui? Cosa avrà voluto dire con quell'occhiata?

Lui lo aveva detto subito, al commissario, che gli era parso uno sguardo di minaccia!

Fatto sta che Tarcisio ci pensava ormai da due giorni ed era tutt'altro che tranquillo, perché quell'occhiata sghemba se l'era sentita bruciare sulla pelle, mentre lui, in quel momento, avrebbe voluto essere trasparente.

I giornali ne avrebbero senz'altro parlato e quel tizio cosa avrebbe fatto?

Si sarebbe fatto vivo spontaneamente? Tarcisio avrebbe giurato di no. La Polizia lo avrebbe rintracciato? Quanto tempo sarebbe occorso?

E intanto lui...

Una sensazione sgradevole, di pericolo.

Doveva pensarci bene. Sì, forse l'unica soluzione era parlarne proprio con il commissario Maffei.

Andò in camera da letto e prese il biglietto che aveva posato sul comò, usando un libro come fermacarte.

Andarlo a trovare in ufficio?

E per dirgli cosa?

Doveva pensarci.

Per il momento non gli restava che riflettere e continuare a seguire scrupolosamente il programma della giornata, come sempre.

Innanzitutto sarebbe dovuto andare a fare la spesa: il pane, l'insalata, due bistecchine per fare gli involtini, un po' di prosciutto...

Sedette al tavolo di cucina e prese a compilare diligentemente la lista, con una bella grafia precisa e in corsivo. Quindi si infilò la giacca, si mise la lista in tasca e controllò il nodo della cravatta nello specchio dell'ingresso. Infine, spinse la sedia a rotelle nel giardinetto, facendola passare con cautela per la porta-finestra del salotto. La mise sotto il nespolo che ombreggiava il minuscolo fazzoletto di terreno e si rivolse a una donna, che cuciva seduta su una sedia oltre la grata, nel giardinetto attiguo.

«Signora Rossi, allora io vado. Starò via tre quarti d'ora, un'ora al massimo. Dà lei un'occhiata a mia moglie, ogni tanto?»

La donna alzò gli occhi dal cucito e sorrise bonariamente. «Stia tranquillo, signor Tarcisio, che io da qui non mi muovo.»

«Grazie tante, signora Rossi.»

Nella bella stagione il dialogo si ripeteva identico ogni mattina. In inverno il signor Tarcisio, prima di uscire per la spesa, attraversava il pianerottolo, suonava il campanello e la signora Rossi andava immancabilmente a installarsi in casa sua per il tempo necessario. Del resto la signora Rossi aveva le chiavi dell'appartamento dei Marcenaro, proprio per poter intervenire in caso di necessità, quando lui fosse stato in giro. In cambio, il signor Tarcisio le faceva piccole riparazioni, qualche commissione, le dipingeva le imposte, le controllava la cartella delle tasse. Insomma, collaborazione di buon vicinato.

Il signor Tarcisio prese la rete di plastica verde e uscì. Chiuse la porta a chiave e guardò la cassetta della posta: c'era dentro una busta bianca. Ebbe subito un brutto presentimento. «Accidenti!»

La prese in mano e aggrottò la fronte: sulla busta non c'era né destinatario né mittente, dunque era una busta recapitata a mano.

Tarcisio ne estrasse un foglio piegato in quattro, lo spiegò e lesse.

Il suo volto si rabbuiò all'istante.

Quella lettera tagliava la testa al toro e, se prima aveva qualche dubbio, adesso non ne aveva più alcuno: avrebbe dovuto parlare col commissario Maffei. Al più presto, ma non subito. Ci sarebbe andato di persona, con calma. Doveva pensarci e prima...

Si ficcò la busta in tasca. Per il momento doveva andare a fare la spesa, come sempre.

Capitolo 9

Venerdì 21 settembre, ore 11

«A cosa pensa, capo?»

Rosati fu sorpreso dall'effetto prodotto dalla domanda che aveva appena fatto giusto per rompere un lungo silenzio. Sembrava che le parole non raggiungessero subito il cervello del commissario, che per lui fossero semplici suoni da riordinare prima di poterne afferrare il senso.

Maffei voltò a fatica sull'ispettore il volto rubizzo, lo sguardo appannato, e posò lentamente sulla scrivania la tazzina di caffè che stava sorseggiando, immerso nei propri cupi pensieri.

Sembrava che stesse tornando gradualmente alla realtà dopo essere stato strappato a un sonnellino pomeridiano, durante il quale stava facendo un brutto sogno.

«A lei», rispose con voce stanca e monocorde. «Alla vittima. Da quel lato stiamo brancolando nel buio più assoluto e nulla lascia presagire che ci capiremo qualcosa di più, prossimamente.»

Infatti, per quanto si sforzasse, non riusciva a comprendere, non riusciva a trovare il bandolo della matassa: perché quella donna ordinaria doveva essere odiata da qualcuno, o rappresentare un pericolo tale da dover essere eliminata?

Con gli anni Maffei aveva imparato che non si ammazza senza un motivo, anzi, senza un serio motivo.

Fatto salvo questo principio, gli omicidi si raggruppavano sostanzialmente in due tipi: quelli premeditati, eseguiti secondo un piano stabilito in anticipo, e quelli commessi d'impulso, sotto la pressione di un'emozione, di una passione violenta, di un raptus che annebbia la ragione e fa commettere uno sproposito.

Questo era il primo punto. In quale categoria ricadeva l'omicidio di Rosa Meneghelli?

Il secondo punto. Chiunque fosse l'assassino, si trattava presumibilmente di una persona che faceva parte dell'ambiente della vittima o che, in ogni caso, con la vittima aveva un rapporto di qualche tipo, anche oscuro, anche remoto. Quale? Questo era il punto essenziale da decifrare.

Era quasi impossibile, infatti, che si trattasse di un pazzo che aveva deciso di provare l'ebrezza di uccidere fine a se stessa e avesse scelto una vittima qualunque, in un giorno qualunque, in un luogo qualunque.

A volte capitava, ma erano casi rarissimi che lungo tutto un secolo si contavano sulle dita di una mano.

Ma, a parte questi casi estremi, Maffei era profondamente convinto, per l'appunto, che tra omicida e vittima ci fosse sempre un rapporto più o meno diretto e che l'omicida avesse una ragione ben precisa per uccidere. Perfino l'omicida seriale delle prostitute, l'anno prima, aveva un legame con le vittime e un movente preciso.

Maffei era convinto di non trovarsi affatto davanti a uno di quegli assassini seriali e psicopatici. Qualcosa gli diceva che quella che si ritrovava tra le mani era tutt'altra storia, una storia concreta con un motivo concreto.

Ma quale?

Insomma, più ci ragionava e più l'ipotesi dell'assassino professionista gli sembrava campata in aria. Tuttavia non si sentiva ancora di escluderla.

«Ricominciamo daccapo. Cosa sappiamo di lei?»

L'ispettore Rosati, instancabile, riattaccò la solita musica, già suonata una decina di volte. Maffei si accese una sigaretta, si appoggiò all'indietro sullo schienale della poltrona girevole e incrociò le mani sulla pancia prominente. Socchiuse gli occhi e spinse le labbra in avanti. Sembrava che non ascoltasse nemmeno, tanto la sua espressione era neutra e distaccata.

«Rosa Meneghelli, nata a Pietra Ligure il 18 febbraio del 1906, dove ha vissuto sino all'età di quindici anni. Poi, siccome era debole di polmoni, viene mandata nel sanatorio di Santa Tecla, a Genova. Vi rimane un anno e torna guarita a Pietra Ligure. Nel 1930 sposa un certo Giovanni Odicini, un ferroviere nativo di Visone, il quale viene promosso capotreno e così i due vanno a vivere a Cairo Montenotte, dove la Meneghelli si mette a lavorare come parrucchiera, prima da dipendente, in seguito aprendo una bottega sua. Il marito muore di infarto nel 1952, lei continua a lavorare sino alla pensione. Doveva camparci bene perché aveva due lavoranti e d'estate affittava ogni anno per un mese una casa a Pietra Ligure, sempre la stessa, dove andava a prendere i bagni di mare. Nessuna relazione, nessun litigio, una vicina modello, forse un po' troppo riservata, ma immune dal pettegolezzo.»

Maffei stava scorrendo, senza leggerle, le diciotto pagine di rapporto del medico legale, nel quale erano contenute fotografie crude e chiarissime del cadavere e di tutti i dettagli.»

«Che si sa dell'arma del delitto?»

«Niente, commissario, se non che si tratta di un cavo di nylon, probabilmente nuovo, forse usato solo per commettere l'omicidio. È un tipo di cavo che si può acquistare quasi dovunque, specialmente nelle botteghe che vendono forniture navali, ce ne sono diverse nella zona del porto. Si usano per l'ormeggio di piccole barche, o anche per fissare i teli alle scialuppe di salvataggio dei piroscafi.»

«Insomma, è come cercare un ago in un pagliaio!»

Maffei si decise a leggere il referto autoptico: corporatura robusta, nessuna particolare patologia, solo i segni di vecchie lesioni polmonari.

«Parenti?»

«Una nipote, figlia della defunta sorella che erediterà quello che la Meneghelli lascia.»

«Cosa lascia?»

«L'appartamento di proprietà a Cairo Montenotte, una tomba di famiglia, una vecchia Fiat 500 Belvedere che usava raramente e solo a Cairo, e un discreto gruzzoletto, accantonato in anni di risparmi. Non si faceva mancare nulla, intendiamoci. Si permetteva una vacanza all'anno, qualche volta andava a cena in una trattoria modesta non lontano da casa e, la domenica pomeriggio, andava al cinematografo. Tra Natale e Capodanno, invece, si concedeva una serata a teatro. Insomma, capo, piccoli piaceri, quasi da vecchia zitella, ma nel complesso era parsimoniosa. Ah, dimenticavo! L'anno scorso, a settembre, ha passato dieci giorni alle terme di Montecatini.»

«Al cinematografo...» mormorò il commissario, pensoso. «E chissà perché diavolo, quella domenica, invece di andare al cinema ha preso il treno ed è andata a morire a Sestri!»

«Bella domanda», fece Rosati di rimando.

Maffei se la immaginava in cappellino e guanti, ad ascoltare i concerti pubblici della banda, davanti al chiosco della musica nei giardini di Montecatini.

«La nipote è in difficoltà economiche?» riattaccò il commissario.

«No. Non è ricca, ma ha sposato un impiegato delle poste e vivono benino, ad Alessandria. Hanno una casa di proprietà ereditata dai genitori di lui e lei fa la sarta a tempo perso. Comunque abbiamo controllato i loro movimenti, non si sa mai. Domenica erano entrambi ad Alessandria in casa di amici a giocare a ramino. Pare che lo facciano quasi tutte le domeniche pomeriggio. Sono tornati a casa all'ora di cena.»

Maffei all'improvviso fece un movimento inconsulto e la cenere della sigaretta gli si spiaccicò sulla cravatta e sulla camicia. «Ma insomma! È mai possibile che non salti fuori proprio niente di niente?» tuonò.

L'ispettore Rosati si tolse un immaginario bruscolino dai calzoni, dalla piega perfetta. «Ahimè, capo. Abbiamo fatto del nostro meglio, ma...»

Se c'era qualcosa che mandava in bestia il commissario Maffei era quando gli facevano domande pur conoscendo già la risposta. Cionondimeno, giusto per dire qualcosa e scaricare la tensione, pose una domanda della quale si pentì nello stesso istante in cui la formulava. «Conosceva qualcuno a Sestri?»

Rosati restò impassibile e sembrò non notare la contraddizione. «Non ci è dato sapere, capo. Come le dicevo prima, non ne è venuto fuori niente. Non ha mai parlato di Sestri con nessuno.»

A causa della domanda retorica, di cui si vergognava, la furia di Maffei aumentò, e così calò una manata sulla scrivania. «Per la miseria! Darei non so che cosa per sapere cosa diavolo era andata a fare a Sestri Ponente. Non è che una, d'emblée, una bella domenica decide, prende il treno a Cairo Montenotte, cambia a Savona e scende a Sestri Ponente giusto per andare a vedere due vetrine. Di domenica, nel tardo pomeriggio, quando i negozi sono chiusi e per di più piove a dirotto. C'è da dare il capo nel muro!»

Rosati gli lanciò un'occhiata piena di comprensione. «Magari doveva incontrare qualcuno. Magari aveva appuntamento con l'assassino stesso! Sa, capo, anche a me l'orario sembra strano: a quell'ora del pomeriggio non si va mica a fare una gita.»

Maffei scosse la testa poco convinto. «Può darsi. L'unica ipotesi che abbiamo è che il tizio dall'impermeabile scuro la seguisse sul treno o, in alternativa, che la stesse aspettando in stazione. Ma per ora questa ipotesi non ci porta da nessuna parte.»

Maffei allargò le braccia in un gesto di desolazione. «Senti, Rosati, io ci credo poco, lo sai, ma dobbiamo tentare di far ricostruire un identikit di questo tizio attraverso le descrizioni dei coniugi Tagliafico e di Marcenaro. E poi faremo quella cosa che a me fa ribrezzo, perché ci costerà centinaia di telefonate di pazzi e di mitomani: lo faremo pubblicare sui giornali.»

Rosati fece un ghigno. «Ahia, capo! Lo riconosceranno in mille e si tratterà di mille individui diversi.»

«Lo so. Ma al giudice dobbiamo pur far vedere che abbiamo fatto quanto è possibile.»

Maffei scrollò le spalle e cambiò discorso. «E su Marcenaro è emerso qualcosa?»

«Assolutamente niente, capo. Siamo partiti dalla leva. Niente da segnalare. Impiegato modello, sposo irreprensibile, vicino di casa discreto. Si è trasferito a Sestri Ponente da Savona nel 1948 perché aveva chiesto di essere assegnato a Genova per avanzare nella carriera bancaria. Quando è arrivato qui la moglie era già mezzo andata e poi non ha fatto che peggiorare. A sessant'anni è andato in pensione e da allora non si occupa che di lei. La sua vita è regolare come un orologio svizzero. A Sestri lo conoscono una ristretta cerchia di persone, ma tutti lo descrivono come una persona molto per bene, paziente, gentile, inappuntabile. Insomma, sul suo conto niente da dire.»

In quel momento ci fu un discreto bussare alla porta.

«Avanti!»

Era l'usciere. «Commissario, c'è qua fuori un tale Marcenaro Tarcisio che chiede di parlare con lei.»

Maffei lanciò un'occhiata interrogativa a Rosati. «Uhm! To'. Si parla del diavolo e spuntano le corna. Fai passare.»

Capitolo 10

Venerdì 21 settembre, ore 11.30

«È permesso? Non vorrei disturbare, vero.»

Tarcisio Marcenaro era sulla porta, metà dentro e metà fuori, la mano sulla maniglia e il busto lievemente piegato in avanti, in atteggiamento deferente, le sopracciglia inarcate gli increspavano la fronte con una serie di rughe ansiose. Teneva sotto l'ascella una vecchia cartella di pelle consunta, di quelle porta documenti.

Maffei lanciò un'occhiata in tralice all'ispettore e si trattenne dal sorridere e strizzargli l'occhio.

«Venga avanti, signor Marcenaro, si accomodi!»

Tarcisio avanzò a piccoli passi e porse la mano al commissario, che la strinse con scarso entusiasmo, poi fece lo stesso con l'ispettore Rosati, infine sedette sulla sedia che gli era stata indicata, di fronte alla scrivania. Si appoggiò la cartella sulle ginocchia.

Maffei incrociò le mani sul ripiano verde e sporse il busto in avanti. «Bene, signor Marcenaro. Qual buon vento?»

Negli occhi azzurri di Tarcisio passò una nuvola. «Ecco, commissario, buon vento mica tanto...»

«Cioè? Che succede?»

Tarcisio si agitò un attimo sulla sedia, come uno che non sa decidersi a sputar fuori una questione spinosa. «Ecco, lei ricorderà senz'altro la faccenda dell'uomo con l'impermeabile scuro, che...»

«Come no? Secondo la sua deposizione si tratta nientepopodimeno che dell'assassino e lei mi domanda se me ne ricordo? Me ne ricordo eccome! Anzi, già che è qui, la pregherei di collaborare con i nostri esperti per metterne a punto un identikit in modo da diramare una segnalazione attraverso i giornali.»

Tarcisio si agitò, ancor più a disagio. «Come le dicevo domenica, commissario, io non so se riuscirei a...»

«Ce la metta tutta!»

«Farò il possibile, ma...»

Maffei si rivolse a Rosati. «Avverti gli specialisti che tra poco glielo mandiamo su.» Poi tornò a rivolgere l'attenzione a Tarcisio Marcenaro e gli elargì perfino un sorriso bonario. «Ma a parte questo, signor Marcenaro, lei era venuto per dirci qualcosa. Ci sono delle novità? Si è ricordato di qualche particolare interessante?»

«No, commissario, non mi sono ricordato di niente...»

«E allora?»

«E allora c'è un fatto nuovo. Ma, se non le dispiace, vorrei andare avanti a esporre i fatti con ordine e metodo.»

Maffei lanciò l'ennesima occhiata a Rosati, a significare: speriamo di cavarcela prima di sera. E si dispose all'ascolto appoggiandosi allo schienale della poltrona. «Naturalmente. Dica pure.»

«Ecco, signor commissario, lei ricorderà che quell'uomo dopo il fatto si è avvicinato e mi ha guardato...»

«Certo.»

«E ricorderà pure che io le riferii come provai un senso di disagio, quasi di minaccia...»

«Me lo ricordo.»

«Ebbene, commissario, adesso posso dirle con la massima certezza che non mi sbagliavo. Quell'uomo mi stava guardando con uno sguardo di minaccia!»

«Veniamo al dunque.»

«Il dunque, signor commissario, è che io quell'uomo l'ho visto commettere un delitto, capisce?»

«Ho capito, ce lo ha già detto. E quindi?»

«E quindi mi sta minacciando!»

«Ma non mi dica!» Questa volta Maffei si concesse il sorriso sarcastico.

Tarcisio Marcenaro aprì la cartella e prese a rovistarci dentro febbrilmente.

Ne estrasse un foglio di carta e lo posò sulla scrivania, davanti al commissario.

«Ecco qua. Questa lettera l'ho trovata nella cassetta della posta. Questa è la busta. Come vede niente indirizzo, niente mittente, niente timbro postale. Perciò è stata recapitata a mano. Capisce?»

«Stamattina?»

«No, martedì mattina.»

Maffei lo fulminò con lo sguardo. «Ma oggi è venerdì! Perché ce lo viene a dire solo adesso?»

«Perché prima non ho potuto. È da martedì che non esco di casa. Mia moglie...»

«Ma poteva telefonare, santo cielo!»

«No, commissario. Sa com'è, ci tenevo a esporle i fatti per bene, di persona, e a mostrarle lo scritto.»

«Avrei mandato qualcuno a prenderlo, lo scritto!»

«Non ci ho pensato. E poi ci tenevo a...» Tarcisio si strinse nelle spalle. «Le dico la verità. Prima di tutto avevo paura di uscire di casa, mia moglie aveva la febbre e io continuavo a pensare e ripensare alla cosa, ai pro e ai contro. Insomma, continuavo a rimandare la decisione di venire a parlargliene. Stamattina mi sono deciso.»

«Poteva pensarci una settimana o due», ironizzò il commissario. Bel tipo bislacco quel Marcenaro, con tutte le sue fisime, le sue precisioni e i suoi riguardi. Prese il foglio, lo lesse e lo passò a Rosati, aggrottando la fronte.

C'era scritto: NON APRIR BOCCA CON NESSUNO PER NESSUN MOTIVO. MI FARÒ VIVO IO.

I caratteri, in stampatello, erano estremamente esitanti e irregolari, lo scritto cadeva verso il basso, a destra.

«E si è fatto vivo?»

«No.»

«Rosati, passalo subito al laboratorio. Signor Marcenaro, dovremo prenderle le impronte digitali.»

Marcenaro fece un cenno rapido con la mano, come a dire che non importava.

«Capisce, commissario? La mia sensazione era giusta al cento per cento. Quell'uomo dopo il delitto deve essere rimasto nei paraggi, mi ha seguito mentre andavo a casa e adesso sa dove abito e chi sono. E quando penso che è venuto di persona a imbucarmi la lettera in cassetta e che ci separava solo il legno della porta io... È un assassino, capisce? E io ora la bocca l'ho aperta eccome: ho raccontato tutto a voi e ho anche firmato la deposizione. E per di più c'è mia moglie! È una situazione terrificante!»

Maffei accese una sigaretta e porse il pacchetto a Tarcisio.

«Grazie, commissario, non fumo.»

Maffei stava per rispondere «ci avrei giurato», ma tacque e sbuffò una nuvola di fumo verso il soffitto.

«Questa, però, è davvero una bella novità che ci fa comodo.»

Tarcisio si slanciò verso la scrivania a mani giunte, con un moto di disperazione. «Come, vi fa comodo? Commissario, lei deve proteggermi, deve aiutarmi. Io non so cosa fare. Lei capisce bene che con mia moglie in quelle condizioni – lei l'ha vista – io non posso certamente lasciare la casa e sparire da un momento all'altro. Insomma, mi dica lei, arrivati a questo punto, cosa devo fare!»

Maffei sospirò, ma sembrava poco convinto. «Lei non deve fare assolutamente niente. Casa sua è stata sorvegliata sia domenica notte che lunedì.»

«Ah! Non sapevo.»

«La metteremo di nuovo sotto sorveglianza, fin da oggi. Piazzerò un agente davanti a casa sua giorno e notte, che la seguirà discretamente dovunque lei vada. Questo nella speranza che il tizio dall'impermeabile scuro si rifaccia vivo di persona per consegnarle un'altra lettera, oppure la avvicini per la strada. Secondo quel che dice il biglietto, nei prossimi giorni farà una di queste due cose e noi lo beccheremo.»

Tarcisio Marcenaro tormentava la cartella con le dita nervose. «Io la ringrazio, signor commissario, ma vede non è detto che si rifaccia vivo di persona, perché ha il mio indirizzo e potrebbe anche spedirmi una lettera con la posta ordinaria...»

«Sì, certo, ma siccome la prima volta non lo ha fatto, ci sono buone probabilità che continui con lo stesso metodo. Quantomeno non possiamo escluderlo. Perciò sorvegliare lei e casa sua è la prima cosa da fare. Ovviamente la sorveglianza non potrà proseguire all'infinito, ma io spero che presto succeda qualcos'altro. Il messaggio lo lascia supporre.»

«E io cosa devo fare?» chiese Tarcisio sempre più nervoso.

«Lei niente. Assolutamente niente. Lei deve vivere come sempre, fare le stesse cose di ogni giorno e comportarsi come se niente fosse accaduto. Al resto pensiamo noi. E adesso, signor Marcenaro, se non c'è altro, la farei accompagnare al laboratorio della Scientifica per le impronte e per l'identikit.»

«Grazie, commissario. Lei pensa che io possa stare tranquillo?»

«Ma certo che può stare tranquillo. Avrà un angelo custode armato che la veglia giorno e notte per i prossimi giorni.»

Tarcisio Marcenaro non sembrava del tutto convinto. «Deve capire, signor commissario. Io sono un uomo per bene, non ho mai avuto a che fare con la giustizia in vita mia, vero, con dei delinquenti men che mai e adesso, da un giorno all'altro, mi ritrovo immischiato in una faccenda del genere, più grande di me.»

Maffei si alzò, sospirò, fece il giro della scrivania e mise una mano sulla spalla di Marcenaro. «La capisco benissimo. Purtroppo sono cose che succedono.»

«Ah, ma se domenica me ne fossi stato a casa!»

«Invece è uscito ed è capitato quello che doveva capitarle. È la vita.»

Tarcisio sembrò afflosciarsi, come un burattino al quale avessero improvvisamente tagliato i fili. «Già, è la vita. E la mia non si può dire che sia priva di sorprese. Prima mia moglie e adesso questa storia qua...»

Maffei chiamò l'usciere e fece accompagnare Marcenaro al laboratorio, dopo averlo nuovamente rassicurato e avergli stretto la mano.

Quindi tornò a sedersi alla scrivania, sbuffando.

«Tu che ne dici, Rosati?»

L'ispettore Rosati fece una strana espressione: storse la bocca e fece schioccare la lingua. «Dico che qualcosa non mi quadra, capo.»

«Bravo. Neanche a me. Spara!»

«Non lo so. Non mi torna il conto. Se si trattasse di un professionista non si comporterebbe in questo modo.»

«Bene, è quel che penso anch'io, e in realtà alla storia del professionista non ci ho mai creduto. Vai avanti.»

«Cioè, o se ne frega di essere visto e dunque non gliene importa niente del Marcenaro, oppure, se gliene importa qualcosa, non perde tempo a mandargli lettere anonime, lo fa fuori e buona notte. Di solito in quell'ambiente funziona così.»

«Esatto. È quello che penso anche io», disse Maffei. «E quindi?»

«E quindi non lo so. So solo che la faccenda non mi torna.»

Maffei si sporse verso l'ispettore, attraverso il piano della scrivania. «E dunque non abbiamo a che fare con un professionista. Andiamo avanti.»

«E cioè?»

«Ah, questo non lo so», fece Maffei dubbioso. «Intanto mi sembra che per il momento il nostro uomo non abbia nessuna intenzione di far fuori Marcenaro, ma stia solo tentando di assicurarsi il suo silenzio. E noi non dobbiamo perdere l'occasione.»

«Quindi gli facciamo fare da esca», disse Rosati.

«Abbiamo altra scelta?» chiese di rimando Maffei. Poi sospirò di nuovo. «Metti Malvezzi di sorveglianza, gli darà il cambio Busalacchi. E speriamo che qualcosa succeda in fretta.»

«Certo che poteva aspettare un altro po' a venircelo a dire», fece Rosati.

Il commissario si picchiettò una tempia. «Mah. Secondo me con tutta la sua correttezza e precisione, non ha mica tutte le rotelle a posto. A me fa venire il nervoso. Mi viene voglia di prenderlo per le spalle e scrollarlo.»

«Eh, be', capo... poveraccio! Con la vita che gli tocca fare...»

«Anche questo è vero.»

Capitolo 11

Lunedì 24 settembre, ore 9

Settembre volgeva al termine e, benché il tempo fosse per lo più sereno e ancora abbastanza caldo, di tanto in tanto, qualche nuvolone alto e bitorzoluto, simile a un cavolfiore, avanzava da ponente e scaricava su Sestri un rapido acquazzone che rinfrescava l'aria per poche ore, lasciando subito il posto al sole e all'umidità.

Eppure via Garibaldi era ancora rallegrata dalle macchie chiare delle camicette fantasia delle donne e dagli abiti a tinte neutre degli uomini.

Del delitto di Sestri Ponente i giornali non parlavano più. I sestresi più morbosi avevano smesso di andare a curiosare sul luogo del crimine, i legnetti che indicavano il corpo erano spariti e, durante il giorno, autocarri e furgoni si alternavano in continuazione sulla enorme bilancia della pesa pubblica, proprio accanto al luogo dove Rosa Meneghelli era stata uccisa. Tanto quel luogo era animato e rumoroso durante il giorno, quanto era deserto e silente la sera e nei giorni festivi.

In via Andrea Costa, invece, qualcosa continuava a rimanere costante: la presenza di una Fiat 600 blu parcheggiata davanti al portone di Tarcisio Marcenaro, dove un giovanotto bruno e olivastro si alternava a un altro biondo e dalla carnagione chiara che rispondevano, rispettivamente, al nome di Ferruccio Busalacchi e Gianni Malvezzi, entrambi ispettori di Polizia. Passavano il tempo leggendo giornali, fumando, bevendo gazzosa o birra e mangiando panini. Generi di conforto che si procuravano in una minuscola osteria situata all'angolo di via Paglia.

Se Tarcisio Marcenaro usciva dal portone, il giovanotto di turno ripiegava il giornale, scendeva dalla macchina, chiudeva la portiera con un giro di chiave, e lo seguiva mantenendosi a debita distanza, finché questi non tornava a casa. A quel punto il giovanotto si sistemava di nuovo nella sua scatola di latta. Nel pomeriggio, quando all'ora prestabilita Marcenaro spingeva la carrozzina sino a piazza Ranco – la piazzetta delle palme – il giovanotto si appostava poco lontano, con il giornale aperto, oppure passeggiava avanti e indietro con fare sfaccendato e indifferente, tra la piazzetta, il bar Sidea e il negozio di Bagnara, dopodiché tornava ad appostarsi sull'angolo di via Casimiro Corradi, oppure guardava la vetrina del negozio di scarpe con apparente interesse.

Ogni tanto i due giovanotti, a turno, facevano rapporto in questura.

Maffei mise da parte una pila di documenti e fissò il giovane ispettore Ferruccio Busalacchi, il quale più che un poliziotto sembrava uno studente di liceo. «E quindi?»

«E quindi è una noia mortale, capo. Non succede mai niente. Niente di niente. Abita in una via dove l'unico negozio è una specie di emporio che vende le cose più bizzarre: dai piatti ai bicchieri, alle pentole, ai turaccioli, ai cavatappi, ai tegami per la farinata, ai barattoli per mettere le acciughe sotto sale, alle gabbie per i canarini, alle scope. Insomma, capo, tutto quel che le può venire in mente, da Bacchetta – questo è il nome del negozio – lo può trovare.»

«Interessante», commentò Maffei. «Ci farò un salto. Mia moglie vuole un nuovo macinino da caffè di quelli a manovella, il vecchio Peugeot di sua nonna si è rotto. Ma oggigiorno si trovano quasi solo quelli elettrici e lei non ne vuol sapere.»

«Ecco, lì potrebbe trovarlo», rispose l'ispettore. «Per il resto nient'altro: case di quattro o cinque piani e tra l'una e l'altra dei giardinetti striminziti, uno dei quali appartiene appunto al nostro Marcenaro. A parte i clienti del Bacchetta – che però si trova all'estremità della via – anche i passanti si contano sulle dita della mano. Quanto a quel che fa il Marcenaro, fa sempre le stesse cose e non parla con altri se non la vicina di pianerottolo, i bottegai dove va a fare la spesa e un certo numero di persone per lo più anziane che il pomeriggio, tempo permettendo, vanno a chiacchierare sedute sulle panchine dei giardinetti di piazza Ranco, due aiuole e tre palme. Guardano il passeggio e chiacchierano del più e del meno. A volte mi piazzo lì vicino e ascolto.»

Busalacchi strizzò l'occhio con aria astuta. «Lei lo sa, capo, come sono quegli ambienti lì. È tutta gente di una certa età, gente del quartiere. E così, di solito, si fanno dei pettegolezzi. Ebbene, lo sa che il nostro Marcenaro ai pettegolezzi non partecipa mai? Parla di tutto, ma se salta fuori una maldicenza o un'indiscrezione su qualcuno, lui niente: apre il giornale e ci sparisce dietro, come se alzasse una barriera invalicabile. Insomma, con lui non attacca. Un bel tipo, ma a quanto pare è la discrezione fatta persona.»

«Non mi stupisce. Fa parte del personaggio.»

«La sera, invece, presumibilmente dopo aver messo a letto la moglie, verso le dieci, esce a fare una passeggiata, anche se piove. Sempre lo stesso percorso: via Andrea Costa, piazza Baracca, via D'Andrade, e poi rientra passando per via Casimiro Corradi. Non incontra nessuno, non parla con nessuno, anche perché a quell'ora le strade sono praticamente deserte e lui evita via Garibaldi, dove c'è ancora qualche bar aperto e qualche passante.»

«E cosa fa?»

«Niente. Cammina tutto impettito a passetti svelti, con le mani dietro la schiena, guardando dritto davanti a sé. Mai un capello fuori posto. Sembra un personaggio da operetta.»

«Anche a me fa la stessa impressione», rispose il commissario strizzando l'occhio. «Bene. Continua così.»

Quando l'ispettore uscì, Maffei sospirò, si alzò, infilò la giacca e si incamminò lungo le scale. Salì due piani per ritrovarsi negli uffici della Polizia scientifica.

Quando aprì la porta, uno dei tecnici gli tese la mano e lo osservò con attenzione. «Tutto bene, commissario?»

«Tutto bene, sì. Dove lo trovo Campanella?»

«La terza porta a sinistra.»

Dietro una porta a vetri, un uomo di mezza età dai capelli color argento alzò gli occhi dalla scrivania e andò incontro al commissario con aria affabile. «Buongiorno, Maffei. Stavo giusto lavorando per lei.»

«È per questo che sono venuto. Perché sapevo che stava lavorando per me.»

Riccardo Campanella, un tipo un po' pingue dal colorito roseo, dimostrava più dei suoi cinquantadue anni ed era l'esperto grafologo.

Sul suo tavolo c'erano lenti di ingrandimento di diverse misure, pinze, boccette di inchiostro e di reagenti e un proiettore puntato su uno schermo bianco, sul quale si vedevano alcune parole ingrandite.

Il commissario guardò distrattamente lo schermo e poi il tavolo.

«Ci sto lavorando da ieri, ma i risultati non sono un granché», disse Campanella.

«Impronte?»

«Niente di rilevante. Ci sono quelle di Tarcisio Marcenaro, le sue, quelle dell'ispettore Rosati e poi un gran numero di impronte parziali e confuse, come se il pezzo di carta fosse passato per troppe mani.»

«Ah! Comunque non ci contavo molto.»

«La carta e la busta sono di tipo ordinario ed economico, come ne vendono in qualunque cartoleria. L'inchiostro è quello di una normale penna a sfera Bic.»

«E la grafia?»

Campanella fece un mezzo ghigno, spense la luce e azionò il proiettore, ingrandendo l'immagine. «Ecco, qui ho qualcosa da dirle, ma al posto suo non ci farei troppo affidamento perché siamo nel campo della grafologia e quindi usciamo da quello delle scienze esatte.»

«Sentiamo ugualmente.»

«Lo scritto è stato tracciato con la mano sinistra, ma non si tratta di un mancino. Penso che l'autore abbia scritto con la sinistra e in stampatello perché sa che in questo modo vengono fuori grafie quasi tutte uguali.»

«Continui...»

«Potrei sbagliarmi, ma direi che si tratta di un individuo non troppo intelligente, con una strana personalità.»

«E cioè?»

«Gliel'ho detto, commissario, qui siamo fuori dal campo delle scienze esatte e nessun giudice darebbe retta a quello che le sto dicendo...»

«E lei me lo dica lo stesso.»

«Ecco, credo che l'individuo abbia in sé un miscuglio di volontà e debolezza, di freddezza ed emotività parossistica. È una grafia sicuramente maschile, ma contiene anche dei tratti spiccatamente femminili. Infine...»

Campanella fece un'altra smorfia e si diede una grattata in testa.

«Sì?» lo incalzò Maffei che si era seduto a cavalcioni di una sedia, con i gomiti appoggiati alla spalliera e la testa tra le mani, e lo fissava nella penombra.

«Infine giurerei che l'uomo in questione ha una qualche malattia. Di più non saprei dirle proprio perché non è stato scritto con la mano dominante. Infine – e qui torniamo nel campo delle scienze esatte, ma non so a quanto le possa servire – sul foglio c'è una piccola macchia di unto. Si tratta di olio di tonno in scatola. È tutto.»

Maffei intascò la lettera e strinse la mano a Campanella. «Grazie, e mi faccia avere il suo rapporto.»

Dopodiché borbottò un saluto e se ne andò, evidentemente di cattivo umore.

Scese le scale e prima di entrare nel suo ufficio ficcò la testa in quello degli ispettori. «Rosati!»

Un attimo dopo Rosati era seduto davanti al commissario.

«Abbiamo il parere di Campanella sullo scritto anonimo.»

«Buone notizie?»

In tutta risposta Rosati ne ebbe un grugnito selvatico. «Mm. Buone notizie mica tanto! Adesso sappiamo che il nostro professionista, il nostro killer, probabilmente mangia tonno in scatola, è poco intelligente...»

«Poco intelligente, capo?» lo interruppe Rosati. «Quindi è bassa manovalanza?»

«Così pare. Comunque, forse è malato e ha una personalità controversa. Tutto ciò non ci aiuta per nulla e anzi ci allontana sempre più dall'idea del professionista. Di solito proprio stupidi non sono, anzi. Tanto più se sommi queste informazioni al fatto che ha imbucato il biglietto di persona, nella cassetta postale di casa come un principiante, con il rischio di essere visto o addirittura sorpreso, e lo ha scritto con la sinistra invece di scriverlo a macchina o con i ritagli di giornale. No, questa storia con la figura di un professionista del crimine, che non esita a mostrarsi a tre persone perché sa che sparirà senza lasciar tracce, non fa scopa.»

«Dice, capo? Resta il fatto che il Marcenaro ha testimoniato e che anche i Tagliafico...»

«Resta il fatto che noi dobbiamo acchiapparlo e a questo punto, così come siamo messi, se non si fa vivo lui, noi possiamo solo dare la testa nel muro!»

«Ma sì, capo, un colpo di fortuna e...»

Il commissario lanciò a Rosati un'occhiataccia in tralice. «Già. Un colpo di fortuna! Come no.»

Dopodiché un altro grugnito chiuse la conversazione.

Capitolo 12

Giovedì 27 settembre, ore 21.45

Quella sera Ferruccio Busalacchi si era appostato in via Andrea Costa al volante della sua auto personale: una Fiat 500 D di colore celestino.

Aveva fatto tardi nel presentarsi a dare il cambio a Malvezzi perché era andato a prendere la fidanzata al lavoro. Così Malvezzi era tornato alla base con la 600 civetta, mentre lui era rimasto lì, nella sua utilitaria quasi nuova. Non era scontento dell'inconveniente perché l'auto era dotata di sedili ribaltabili e di autoradio estraibile, un accessorio un po' costoso, quest'ultimo, ma irrinunciabile per i giovanotti della sua età. Il terzo accessorio *giovanile* era costituito dalla leva del cambio segata quasi alla base e sostituita da un corto manico in legno – che si avvitava sul moncone emergente dal tunnel di trasmissione – e che, all'occorrenza, si poteva rimuovere. L'abitacolo della 500 era angusto e l'esiguo spazio andava sfruttato al meglio, specie quando si portava una ragazza sulle alture del Righi. Ma in quel momento il sedile ribaltabile gli faceva comodo solo per cambiare posizione di tanto in tanto. Anzi, alle 21.45 stava quasi per assopirsi, semisdraiato com'era, e gli ci volle uno sforzo di volontà per rimettersi eretto e accendere una sigaretta: alle 22 in punto Tarcisio Marcenaro sarebbe uscito per la passeggiata serotina e lui avrebbe dovuto seguirlo, come sempre.

Nel pomeriggio il tempo era cambiato e ora cadeva una pioggerellina leggera e uggiosa che imperlava i finestrini dell'auto e li faceva appannare all'interno.

Mancava ancora un minuto. Busalacchi, con lo straccio, pulì il finestrino per vederci meglio. Ecco Marcenaro che emergeva dal portone, osservava il tempo con aria critica, quindi decideva di aprire l'ombrello, nonostante piovigginasse appena. Busalacchi non poté fare a meno di pensare che l'uomo portasse cintura e bretelle per pura precauzione. Ne era il tipo. Indossava un impermeabile chiaro, un cappello grigio e dei guanti neri, di pelle.

Busalacchi scese dall'auto, si strinse la cintura dell'impermeabile attorno alla vita e si calcò in testa una coppola idrorepellente della quale andava particolarmente fiero per i bei colori autunnali e perché resisteva anche agli acquazzoni.

Tarcisio Marcenaro, come ogni sera, percorse via Andrea Costa verso levante, giunto in fondo svoltò a destra e arrivò in piazza Francesco Baracca, poi, dopo il circolo della musica – un palco all'aperto dove si svolgevano i concerti pubblici –, svoltò ancora a destra, attraversò piazza Tazzoli e imboccò via D'Andrade. Metteva un piede davanti all'altro con regolarità cronometrica e guardava dritto davanti a sé, come un cavallo con i paraocchi, noncurante delle rare persone che incrociava sul percorso.

Busalacchi si teneva discretamente a una quindicina di metri di distanza, per cui lo perdeva d'occhio per alcuni istanti ogni volta che svoltava un angolo.

Tuttavia il fatto accadde in piena vista, nel primo tratto di via D'Andrade, completamente deserto.

Marcenaro incedeva sul marciapiede di destra, quando, da un vicolo sulla sinistra, emerse una figura scura che attraversò velocemente la via e gli si affiancò, tenendo le mani nelle tasche dell'impermeabile.

Busalacchi si fermò di colpo e, d'istinto, portò la mano alla pistola.

Poi tutto accadde in pochi secondi: lo sconosciuto afferrò Marcenaro per un braccio e lo costrinse a fermarsi, l'ombrello oscillò. Marcenaro si guardò attorno con aria smarrita, poi gridò con una tonalità buffa, quasi di falsetto. «C'è la Polizia!»

L'uomo si guardò a sua volta alle spalle e vide la figura di Busalacchi stagliarsi sul marciapiede. «La Polizia?» chiese con aria stupita e, contemporaneamente, prese a correre verso ponente, veloce come il vento.

Busalacchi si lanciò all'inseguimento, ma l'uomo svoltò in un vicolo, poi svoltò ancora e il giovane, in men che non si dica, lo perse di vista, restando con un palmo di naso in mezzo a un vicolo deserto. Impossibile dire se si fosse nascosto in un portone: era probabile, ma quale? Era come cercare un ago in un pagliaio.

Il giovane ispettore batté il pugno sul muro, pieno di rabbia e di impotenza, poi tornò sui propri passi.

Tarcisio Marcenaro era rimasto immobile, impalato nel punto in cui l'uomo lo aveva abbordato, con gli occhi azzurri spalancati e l'ombrello aperto. «Ha visto, ispettore? Mi ha aggredito! Lo ha visto? Era l'uomo della sera del delitto.»

«Non mi sembra che l'abbia aggredita», replicò l'ispettore, asciutto. «L'ha trattenuta per un braccio. La mia sensazione è stata piuttosto che volesse fermarla per parlarle.»

«E chi può dirlo? Magari se non ci fosse stato lei mi avrebbe dato una coltellata.»

Busalacchi era provato e nervoso. «E magari se lei non avesse strillato *polizia* facendolo scappare, io sarei anche riuscito ad agguantarlo.»

«Ma che ne potevo sapere, io, scusi? Mi è venuto istintivo chiedere aiuto. Avevo paura! Quell'uomo è un assassino, se ne rende conto?»

Tornarono indietro per una strada più corta e Busalacchi accompagnò Marcenaro al portone. «Mi raccomando, non esca più di casa, per stasera.»

«Certo che no, ispettore, non sono mica matto. Piuttosto lei, cosa intende fare adesso?»

Busalacchi alzò le spalle e accese una sigaretta. La tensione cominciava ad abbandonarlo. «Per prima cosa andrò a fare rapporto al mio capo e poi vedremo.»

«Io mi auguro che la Polizia sia in grado di proteggermi,

perché io di qua non posso muovermi a causa di mia moglie e adesso, come ha visto, quell'individuo malintenzionato mi perseguita.»

L'ispettore fece di nuovo spallucce. «Ma certo. Faremo quanto possibile. Su, ora se ne torni a casa e stia tranquillo. Non apra a nessuno. Io vado a fare rapporto e poi passerò la notte qua fuori.»

«Grazie, ispettore. Grazie di tutto cuore.»

Marcenaro gli aveva stretto entrambe le mani con enfasi, fissandolo con occhi pieni di paura e riconoscenza e il giovane, per un attimo, si era sentito a disagio.

Il commissario Maffei alzò la cornetta e grugnì. «Casa Maffei!»

«Commissario, scusi se la disturbo a casa, ma...»

Il commissario capì subito dal tono mogio ed esitante dell'ispettore Busalacchi che doveva essere capitato qualcosa di spiacevole. «Avanti, sentiamo! Cos'è successo?» chiese con un tono non incoraggiante.

Busalacchi deglutì a vuoto e il pomo d'Adamo andò su e giù due volte nel collo magro. Fece un rapido resoconto dell'accaduto.

«Imbecille!» tuonò il commissario.

«Mi scusi, capo, io ho corso più che potevo, ma quello sembrava avesse le ali ai piedi e poi, in mezzo a quei vicoli...»

«Non tu. Tu hai fatto quello che potevi. L'imbecille è Marcenaro. Se non si fosse messo a strillare in quel modo...»

«Dice che ha avuto paura. È comprensibile, del resto.»

«Comprensibile un corno! Un uomo della sua età dovrebbe avere un po' più di palle, santo cielo! Sapeva benissimo che c'eri tu, lì a due passi, armato. Dimmi tu se era il caso di mettersi a strillare come una donnicciola!»

«Però, effettivamente capo, quello è sbucato dal vicolo all'improvviso e lo ha afferrato per un braccio. Avrebbe anche potuto...»

«Sì, ma non lo ha fatto. Non è successo niente.» Ci fu un altro grugnito. «Va be', pazienza, ormai è fatta. In ogni caso adesso sappiamo che l'individuo con l'impermeabile scuro esiste per davvero, che è implicato nell'omicidio di Rosa Meneghelli e che sta tampinando Tarcisio Marcenaro. Probabilmente per chiudergli la bocca quale testimonio scomodo. Quindi l'esimio precisissimo Marcenaro ha detto la verità e i Tagliafico anche. Eppure...»

«Eppure, capo?» Busalacchi indovinava l'espressione del commissario, la fronte corrucciata e le labbra protese, come se lo avesse avuto davanti.

«Eppure dev'esserci qualcosa...» Maffei scosse la testa e tacque.

«Cosa?»

«Non lo so, ma sto pensando che se questo tale avesse voluto far fuori Marcenaro gli avrebbe assestato una coltellata, o magari gli avrebbe sparato e buonanotte. Invece... lo ha afferrato per un braccio e lo ha obbligato a fermarsi.»

«Be'», ipotizzò Busalacchi, «la coltellata avrebbe potuta dargliela subito dopo. Sono io che gli ho buttato all'aria il piano.»

«Può essere», borbottò Maffei. «Però è un comportamento strano. Se intendi aggredire qualcheduno lo fai e basta, magari alle spalle. Ci sono meno rischi. Mah! Se non altro speriamo che stavolta il Marcenaro possa darci una descrizione più precisa. Tu lo hai visto?»

«Di sfuggita e soprattutto di spalle. Sa, ero a parecchi metri di distanza, piovigginava e la luce non era un granché...»

«Logico.»

«E io adesso cosa faccio?»

«Cosa vuoi fare, diamine? Continui a montare la guardia, anche se ormai non serve più a niente. Che razza di domande mi fai?»

«Sissignore, capo. Naturalmente. Io non mi muovo, rimango sul posto.»

L'ispettore Busalacchi bevve una birra, poi uscì dalla minuscola osteria di via Paglia, da dove aveva telefonato, con l'aria di un cane bastonato. Si era rimesso a piovere. Alzò il bavero dell'impermeabile e scrollò le spalle, quindi ritornò in via Andrea Costa e riprese posto nella sua 500. Si accese una sigaretta e sferrò un pugno sul volante: non aveva più alcuna voglia di sonnecchiare.

PARTE SECONDA

Dove l'inchiesta non procede e Maffei continua a brancolare nel buio.

Capitolo 13

Giovedì 27 settembre, ore 22.20

Un poco si era calmato, ma era difficile capire.

A Luigino Piccardo sembrava di avere una nuvola nella testa e che quella nuvola gli offuscasse i pensieri impedendogli di vederli nitidamente, di decifrarli.

Niente era come avrebbe dovuto essere e, poco prima, ne aveva avuto la dimostrazione.

Dal lunedì precedente ogni giorno comprava il giornale e cercava avidamente le notizie che lo riguardavano: quelle sull'uomo dall'impermeabile scuro e il cappello floscio, l'assassino di Sestri Ponente, notizie via via più scarse e meno precise, svogliate.

Eppure ci aveva pensato tanto, si era sforzato, aveva fatto perfino dei disegni, aveva visto e rivisto nella sua testa come le cose sarebbero dovute andare fin nei minimi particolari e tutto sembrava facile. Invece, ora, gli appariva tutto diverso, tutto storto.

Perché?

Perché i fatti così ben architettati gli disobbedivano e gli si rivoltavano contro?

Volse lo sguardo attorno a sé, nella cucina, dove il pavimento era cosparso di bottiglie vuote, il tavolo ingombro di giornalini illustrati e l'acquaio sommerso di piatti sporchi.

I giornalini non li aveva mai abbandonati e sapeva che non li avrebbe abbandonati neppure in futuro. Non poteva, perché nei giornalini c'era la verità, l'unica realtà che valesse la pena di vivere.

Scosse le spalle e fece una smorfia rabbiosa.
Cosa era andato storto?
Lui doveva soltanto aspettare che quello uscisse dal suo antro, avvicinarlo e dirgli che...
Insomma, dargli istruzioni, spiegargli con esattezza cosa avrebbe dovuto fare. E sarebbe andato tutto liscio. La Polizia non avrebbe dovuto saperne niente.
L'unica spiegazione era che Tarcisio Marcenaro avesse cantato, avesse detto chissà cosa alla Polizia. E questo avrebbe scombussolato i suoi piani, perché i suoi piani prevedevano che Marcenaro se ne stesse muto come un pesce.
Sferrò un pugno sul piano di marmo del tavolo, facendo sobbalzare una decina di *Tex Willer*, *Blek Macigno* e *Mandrake* ammassati alla rinfusa.
Avrebbe dovuto sistemarlo per bene, quel Tarcisio Marcenaro, punirlo. Perché, secondo lui, i guai arrivavano proprio dall'uomo con gli occhi azzurri. Un traditore! Uno del quale non poteva fidarsi. Invece lui aveva pensato che ci sarebbe potuto essere un rapporto di fiducia, tra loro, addirittura una specie di complicità. Quello che era accaduto era fantastico e c'erano soltanto loro due sulla scena, anche se l'incontro era avvenuto per sbaglio, per caso. Quando la donna era caduta a terra, si era divincolata, aveva smesso di agitarsi, gli era stato del tutto naturale controllarsi, mantenere l'atteggiamento giusto, quello del gangster in un film americano. Ma subito dopo Marcenaro lo aveva visto, gli aveva lanciato un'occhiata appena prima che lui potesse scappare e dileguarsi nella pioggia fitta.
E a quel punto...
A quel punto lui ci aveva ripensato e aveva deciso di non scappare più, di affrontare la questione, cioè Marcenaro. Era tornato indietro, con calma, e aveva fissato quell'uomo in piena luce con uno sguardo di sfida, pieno di minaccia, come avrebbe potuto fare Gary Cooper in una delle sue migliori interpretazioni. Niente di meno. Uno sguardo che da solo doveva essere eloquente più di mille discorsi: acqua in bocca!
L'idea su come portare avanti la faccenda gli era venuta po-

co prima ed era stata una specie di folgorazione. Ora c'era un segreto tra loro due: il segreto dell'opera d'arte che si era appena compiuta. E un'opera d'arte non ha senso se non c'è almeno uno spettatore ad apprezzarla. Così era andata.

Lanciò un'occhiata piena d'orgoglio all'impermeabile scuro e al cappello floscio, appesi all'attaccapanni dietro la porta. Era perfetto.

Adesso, però, aveva fame.

Luigino si alzò e andò alla credenza, ne prese una scatola di tonno e la aprì con un apriscatole mezzo arrugginito. Sedette al tavolo, brandì un grissino e prese a mangiare direttamente dalla latta sbrodolandosi la camicia d'olio.

Poco male. L'importante era non sbrodolare i giornalini. Quelli dovevano essere immacolati, ordinati e perfetti perché contenevano buona parte delle idee in cui lui credeva. Stava bene attento, mentre li sfogliava, a non procurare la minima piega, quelle brutte orecchie agli angoli che deturpavano i giornalini dei bambini. Lui non era un bambino e non sgualciva i giornalini.

I giornalini e il cinematografo erano la sua vera ispirazione!

Il cinema Italia, in via Confalonieri, dove trasmettevano film in seconda visione e dove, proprio quel pomeriggio, aveva guardato per due volte di seguito un film di spionaggio, un film americano veramente grandioso.

Lo sapeva lui perché si era imbarcato in quell'avventura: la donna morta e tutto il resto. Una vecchia ributtante, del resto, con i capelli tinti di un giallo spento, opaco.

Una megera, che stava meglio da morta che da viva.

Era stata una scena perfetta, una scena da film, ma non era un film, gli stava accadendo sul serio e quello era il film della sua vita.

Adesso non restava che chiudere la faccenda con l'altro, e non avrebbe dovuto essere difficile.

Sarebbe bastato intendersi. Oppure...

Ma le cose non stavano andando come avrebbero dovuto. Per niente.

Perché quella sera dietro a Marcenaro c'era la Polizia?

E meno male che quello aveva gridato con la sua voce stridula, da gallina, altrimenti lui si sarebbe fatto acchiappare come un idiota, come un principiante.

Si alzò, andò a depositare la lattina vuota e grondante olio nella pattumiera colma, che non svuotava da una settimana, attorno alla quale ronzava un nugolo di moscerini.

Poi andò in bagno e si guardò nello specchio appeso sopra il lavabo. Prese il pettine e si ravviò i capelli biondicci, che iniziavano a diradarsi alle tempie e a ingrigirsi, si accese una sigaretta e la lasciò penzolare dal labbro carnoso, piantato in una faccia lunga e anonima, dai lineamenti grossolani, infine fece la faccia da duro e a quel punto, finalmente, si piacque.

Avrebbe dovuto avere sempre quell'espressione, ma non poteva.

Gli altri, tutti gli altri, non dovevano sapere chi era veramente. Dovevano continuare a credere che lui fosse nient'altro che «il povero Luigino», il figlio di Rosetta, orfano e solo, che si guadagnava da vivere consegnando pacchi e fiori a domicilio, che prendeva i vestiti in parrocchia.

Non l'impermeabile con la cintura, però, quello se lo era comperato mettendo da parte i soldi un po' alla volta.

Lo sapeva lui chi era veramente!

Così mi piaci, pensò, e tornò in cucina.

La storia non era affatto finita. Avrebbe dovuto gestire quel Tarcisio Marcenaro a tutti i costi, condurlo a miti consigli, manovrarlo come una pedina e far andare le cose come in quel film in cui...

Grandioso!

Si spostò in quella che un tempo era stata la sala da pranzo. Lì c'era ancora la macchina da cucire di sua madre, ma i due buffet contrapposti e il tavolo, ora, erano impolverati e disseminati di giornalini.

Sedette sull'unica sedia libera, sotto il lampadario a tre luci, una delle quali era fulminata. Allungò una mano e prese un giornale da un fascio che si trovava sul pavimento.

Sul tavolo, nel cerchio di luce che cadeva dal lampadario, spiccavano un paio di forbici e una latta di colla, alcuni fogli bianchi e qualche busta.

Sì, forse avrebbe dovuto scrivere un'altra lettera, ma stavolta avrebbe ritagliato le parole dai giornali, come aveva visto fare in un certo film. Era una buona idea, meglio che scrivere con la sinistra. E stavolta la lettera non l'avrebbe consegnata a mano ma l'avrebbe spedita, perché era possibile che la Polizia sorvegliasse il portone di Tarcisio Marcenaro.

Anzi, forse, con la scusa delle consegne, il mattino seguente sarebbe potuto andare a fare un giretto da quelle parti, giusto per sincerarsene. Chissà se avrebbe saputo riconoscerli, i poliziotti in borghese.

Nei film, di solito...

All'improvviso si sentì perso, come se il personaggio che lo aveva posseduto e sorretto sino a quel momento lo avesse abbandonato di colpo. Il viso si alterò in un tic che gli faceva contrarre la guancia e strizzare gli occhi, una mano si intrecciò all'altra ed entrambe presero a tremare convulsamente. Non sapeva cosa fare.

Dopo un po' il tremito cessò, lui allungò la mano sul tavolo e tastò, trovò gli occhiali. Li inforcò e prese a cercare febbrilmente tra i volumetti, il respiro affannoso.

Dove lo aveva messo? Lo aveva comprato due giorni prima e non lo aveva ancora letto. Non ne aveva avuto il tempo: tutti quegli stupidi pacchi da consegnare e poi quel rimuginare ossessivo su quanto aveva fatto la domenica, che lo inchiodava alla sedia con gli occhi persi nel vuoto.

Trovato!

Batman! Ecco cosa ci voleva.

Di colpo si quietò del tutto, come se avesse ingurgitato un formidabile calmante dall'effetto immediato. Aprì l'album e prese a leggere il fumetto, gli occhiali sul naso e un ebete sorriso dipinto sul volto. La crisi era passata.

Capitolo 14

Giovedì 27 settembre, ore 22.30

Il commissario Maffei sospirò, posò il ricevitore sulla forcella e prese ad andare avanti e indietro nella stanza – in pigiama a righe e pantofole – con le mani intrecciate dietro la schiena.

Era inquieto. La sensazione di essersi lasciato sfuggire qualcosa di importante non lo abbandonava.

«Accidenti! Eppure ce l'ho sulla punta della lingua...»

Dopo la cena era solito mettersi in pigiama e vestaglia e dedicare un po' di tempo alla lettura del giornale, mentre la moglie guardava distrattamente la televisione sferruzzando.

Quando era arrivata la telefonata di Busalacchi i coniugi Maffei stavano ormai andando a letto, e ora la signora Maffei lo sbirciava con un occhio solo, da sotto le coltri. «Non vieni a letto, Carlo? Domattina devi alzarti presto.»

Maffei alzò le spalle. «Tra un po'. Ho bisogno di riflettere su una cosa.»

La signora Maffei sapeva bene che quando il marito andava avanti e indietro con la fronte corrucciata e le mani dietro la schiena era meglio lasciarlo stare, ritirarsi in un angolino e fiatare il meno possibile.

Il commissario tornò in salotto ciabattando, aprì lo sportello del mobile bar facendo attenzione a non provocare il minimo rumore, si versò un bicchierino di grappa e poi sedette in poltrona, accendendo una sigaretta. Sapeva che la moglie non si sarebbe alzata per controllare cosa stesse facendo. Non avrebbe osato, almeno per il momento.

Una boccata alla Nazionale e un sorso di grappa: secondo la signora Maffei era quel che ci voleva per passare il resto della notte col bruciore di stomaco.

Ma tant'è...

Maffei aveva bisogno di raccogliere le idee e quello era il modo giusto.

Aveva appena detto a Busalacchi che qualcosa in quella storia non lo convinceva e che avrebbe dovuto pensarci. In effetti era così, eppure non si trattava che di una sensazione vaga. C'era il fatto appena accaduto in via D'Andrade, ad esempio, e c'era pure qualcos'altro.

Era convinto che tra le informazioni, i fatti, le deposizioni relative al caso Meneghelli ci fosse qualcosa che aveva attirato la sua attenzione fin da subito e lo aveva colpito come un aspetto dissonante. Un dettaglio che si era riproposto di approfondire più tardi, ma che gli era subito sfuggito, era sprofondato nelle pieghe della memoria e non ne era più riemerso.

Per questo Maffei aveva l'abitudine di scrivere tutto: le cose da fare nella giornata, gli ordini da distribuire, le idee che gli venivano via via.

Qualcuno diceva di lui che era un grafomane.

Tuttavia, quando, come in quel caso, si diceva «me lo appunterò dopo» e poi non lo faceva, ecco che l'idea gli sfuggiva e talvolta non riusciva più a riagguantarla.

Ma cosa poteva essere?

Era abbastanza sicuro che l'idea smarrita avesse a che fare con gli eventi della domenica dell'omicidio, e che quella incongruenza apparentemente senza importanza ponesse una questione che andava assolutamente chiarita, una sorta di buco nella concatenazione dei fatti.

Sì, ma dov'era?

Nella deposizione di Marcenaro? In quella dei Tagliafico? Oppure nei rapporti della scientifica o, ancora, in quelli dei suoi ispettori, che aveva letto più volte con grande attenzione?

Di grappe finì per berne due e di sigarette ne fumò quattro. Ormai il salotto era saturo di fumo che si sfilacciava lentamente nel fascio luminoso della abat-jour. Ogni tanto dalla camera da letto arrivava un richiamo. «Carlo, vieni a letto! Ci penserai domani mattina.»

A un certo punto si alzò, andò al tavolo da pranzo e fece quello che, per metodo, faceva sempre: prese carta e penna e si mise a elencare la sequenza degli avvenimenti.

Ne venne fuori un nuovo elenco puntato degli elementi noti e della sequenza dei fatti. Un elenco preciso e meticoloso, come sempre. Lo concluse con un ghirigoro a forma di zeta e allontanò il foglio da sé.

«Ecco fatto!»

Poi lo lesse e lo rilesse, più volte, con gli occhiali sul naso e la sigaretta che si consumava tra le dita.

La sequenza degli avvenimenti era senza dubbio quella, eppure lì in mezzo doveva esserci qualcosa che non andava, Maffei ne era sicuro.

A un certo punto ricordò che, la sera dell'omicidio, mentre usciva dalla casa di Marcenaro, gli era venuto in mente di fare una verifica che poi non aveva fatto. Qualcuno o qualcosa lo aveva subito distolto dal suo proposito e in seguito se ne era dimenticato.

E continuava a non ricordare.

Era tutto lì, tutto riassumibile in un elenco di tredici punti. E più ci pensava, più si convinceva che quel particolare, quella domanda, fosse di fondamentale importanza. Oppure era lui che si incaponiva su qualcosa solo perché se ne era dimenticato?

Udì un fruscio. Alzò gli occhi e vide la moglie nel riquadro della porta che lo osservava con sguardo sgomento, in bigodini, stringendosi addosso i lembi della vestaglia. «Ma cosa fai, Carlo? È tardi. Vieni a letto.»

Maffei guardò l'orologio: era quasi l'una.

Alzò le spalle e mise da parte l'appunto. Sì, aveva ragione sua moglie: era ora di andare a dormire e non pensarci più, almeno per quella notte.

Il mattino seguente, in ufficio, avrebbe preso l'incartamento e si sarebbe studiato tutto daccapo. Per l'ennesima volta.

Si alzò e seguì la moglie in camera da letto.

«Hai bevuto la grappa! Si sente l'odore.»

«Solo un dito. Giusto per ragionare.»

«Tutte le scuse sono buone. Speriamo che non ti faccia male.»

Capitolo 15

Venerdì 28 settembre, ore 8.45

Tarcisio Marcenaro aveva fatto fatica a prendere sonno.

La sera precedente, dopo il fattaccio, era tornato a casa, si era preparato una camomilla, aveva controllato che la moglie dormisse, infine si era messo a letto, ma aveva seguitato a rivoltarsi nelle lenzuola senza pace, come un'anguilla. Aveva i nervi scossi dall'aggressione, anche se di aggressione vera e propria non si poteva nemmeno parlare, ma insomma, era pur sempre un fatto inaspettato e violento, che, date le circostanze, avrebbe impressionato chiunque.

Si era addormentato solo verso l'alba e aveva dormito oltre l'ora consueta, al punto che era stato svegliato di soprassalto, alle sette e mezzo, dalle grida della moglie, nella camera accanto.

L'aveva sistemata – lavata e vestita –, le aveva preparato la colazione e l'aveva aiutata a mangiare.

Ora, con calma, finalmente si stava radendo guardandosi nello specchio del bagno, ma invece di canticchiare come al solito, stava ripercorrendo con la mente quei terribili momenti.

Il tizio dall'impermeabile scuro gli era sembrato uno psicopatico, in preda a una crisi di nervi. Lo aveva afferrato per un braccio con forza e lo aveva fissato di nuovo, con uno sguardo da esaltato, peggio della domenica.

C'era l'agente che lo pedinava, stavolta, e il tizio se l'era data subito a gambe levate, non appena lui aveva invocato la Polizia.

Ebbe un brivido. Dopotutto sarebbe potuta andare anche in un altro modo.

Tarcisio ne era certo: si trattava di uno con qualche rotella fuori posto. Lo aveva veduto bene in faccia stavolta e quegli occhi, quel tic che gli contraeva la guancia...

Un individuo pericoloso!

Il fatto che si trattasse di uno squilibrato rendeva tutto ancora più inquietante, perché non poteva esserci niente di razionale e prevedibile.

Marcenaro finì di radersi, si ripulì dai residui di sapone rimasti sotto le orecchie e si annodò la cravatta.

Da quella fatidica domenica pensava incessantemente all'accaduto e, ogni volta gli sembrava che alla scena mancasse un fotogramma.

Tarcisio si domandava, infatti, come e quando l'uomo dall'impermeabile scuro era comparso sulla scena, e non riusciva a ricordarselo. Anzi, era quasi certo che non ci fosse nulla da ricordarsi perché lui non lo aveva proprio veduto, se non quando era ormai troppo tardi e loro due, dopo l'omicidio, si erano ritrovati faccia a faccia a qualche metro di distanza l'uno dall'altro.

Sì, ma da dove era sbucato? Veniva anch'egli dalla stazione?

In quell' istante suonarono alla porta.

Tarcisio sbirciò dallo spioncino e vide la vicina di casa, la signora Rossi.

«Buongiorno, signora Rossi!»

«Buongiorno, signor Marcenaro. Eccomi qua. Se vuole uscire...»

Marcenaro fece un sospiro. «Me ne starei volentieri a casa, mi creda, ma devo uscire per forza.»

La signora Rossi si installò nel salottino, accanto alla signora Antonietta, e tirò fuori il suo lavoro di cucito. Tarcisio indossò la giacca, l'impermeabile, il cappello e i guanti e uscì.

Nel cielo di un azzurro sbiadito brillava un sole pallido e tutta la riviera di ponente era accarezzata da una brezza leggera e umida che non faceva salire la temperatura oltre i quattordici gradi.

Alle 9.15 in punto sbucò sul marciapiede e si guardò intorno. Per prima cosa cercò l'utilitaria blu parcheggiata di fronte al portone e rilevò che, quel giorno, era di turno il poliziotto biondo di cui non conosceva il nome.

Era logico. L'altro, quello che aveva assistito all'aggressione, aveva fatto la notte e ora era stato sostituito, come al solito.

Tarcisio si avviò verso levante e udì, dietro di sé, sbattere la portiera di un'auto: era il poliziotto che scendeva e gli si metteva alle calcagna. Meno male.

Quel mattino non doveva fare la spesa, la dispensa e il frigorifero erano pieni di provviste, ma aveva deciso di uscire ugualmente per tornare alla stazione e rivedere il luogo del delitto, ripercorrere gli stessi passi. La comparsa dell'uomo con l'impermeabile scuro lo ossessionava perché, dopo tutto, il suo problema era iniziato proprio in quel momento: un incidente che gli aveva sconvolto la vita e con il quale, da quel momento in poi, aveva dovuto fare i conti.

Un colpo di vento gli gonfiò l'impermeabile. Attraversò piazza Baracca e percorse i portici di via Biancheri, sbucò davanti alla stazione ferroviaria e aspettò, poiché il semaforo era rosso.

Lungo il tragitto, ogni tanto, si era voltato indietro per assicurarsi che il giovanotto biondo ci fosse e non lo perdesse di vista. A volte gli veniva la tentazione di rallentare e rivolgergli la parola, dopotutto avrebbero anche potuto camminare affiancati. Ma poi decise che era meglio di no. Innanzitutto perché la sorveglianza funzionava così, e poi perché non avrebbe saputo cosa dirgli.

Il semaforo divenne verde e lui attraversò la strada, ma non entrò nella stazione, girò a destra e proseguì verso la fine dell'edificio. Fin qui tutto era chiaro: la donna camminava davanti a lui e non c'era nessun altro, di questo era sicuro.

Poi...

Si rendeva conto che molti particolari gli erano sfuggiti. Del resto quel pomeriggio pioveva, era piuttosto buio e lui percorreva la strada su quel lato – il lato a mare – per via del semaforo rosso, anzi, forse era la prima volta che passava di lì.

Quando arrivò sull'angolo, si accorse subito di un particolare che la domenica precedente non aveva colto: tra il muro della stazione e il casotto della pesa pubblica c'era una specie di budello, un angolo morto che finiva contro il muretto della ferrovia. E lì, in quel budello, nel fianco del casotto c'era una porta che non aveva notato.

All'improvviso ritrovò un odore sgradevole che la sera del delitto lo aveva colpito: un pungente odore di latrina.

Si avvicinò alla porta e realizzò che effettivamente si trattava di una latrina pubblica in pessime condizioni igieniche, con i muri ricoperti di scritte oscene e slogan politici. Priva di illuminazione, poiché la lampada era rotta.

Ecco da dove doveva essere sbucato l'uomo dall'impermeabile! Non c'era altra spiegazione: la donna camminava davanti a lui, ma l'uomo no, era sbucato da sinistra, dall'anfratto buio.

Tarcisio tornò sui suoi passi e quasi sbatté contro l'ispettore Malvezzi che si accendeva una sigaretta aspettandolo poco distante.

«Ha visto?» disse sorridendo. «È da lì che dev'essere sbucato l'assassino. Ed è per questo che non l'ho visto prima.»

«Possibile», rispose Malvezzi sbuffando una boccata di fumo. «Ma lei che fa? Sta facendo un sopralluogo sulla scena del delitto?»

Tarcisio spalancò gli occhi azzurri. «In un certo senso. Sa, ispettore, sono giorni e giorni che non riesco a pensare ad altro e mi sembra sempre che mi sfugga qualcosa...»

«E adesso lo ha trovato?»

«Sì. Credo di sì. Certo che ci vuole una bella fantasia per servirsi di un gabinetto del genere, e al buio per giunta. Ma forse si era rintanato lì per aspettare la vittima, per tenderle l'imboscata. Non le pare?»

«Questo però presuppone che l'assassino sapesse che la vittima sarebbe passata proprio di qua», replicò Malvezzi con una smorfia dubbiosa.

«Esatto! È possibile.»

«Ma lei ha detto che il motivo per cui lei e la Meneghelli siete passati di qua era del tutto fortuito, cioè per via del semaforo rosso. Giusto?»

Tarcisio spalancò di nuovo gli occhi in un'espressione ingenua e smarrita. «Giusto, ma questo vale solo per me. Può benissimo darsi che la signora, invece, lo abbia fatto di proposito, che avesse un appuntamento con qualcuno, cioè con l'assassino, da questa parte della strada.»

«Uhm», fece Malvezzi. «Tutto può essere. Bene. Se ha finito il suo sopralluogo, ora è meglio tornare.»

«Ma certo, ispettore. Torniamo insieme?»

Malvezzi lo guardò come si guarda un animale strano. «Neanche per sogno. Io la devo sorvegliare e lei dovrebbe comportarsi come se non esistessi. Tanto meno dovrebbe rivolgermi la parola. Lei adesso va avanti e io la seguo, come stabilito. Prego!»

«Come vuole, ispettore.»

Tarcisio – ubbidiente – aspettò il verde, attraversò la strada impettito, a piccoli passi, e si ingolfò nella folla di via Biancheri. Malvezzi alzò le spalle, spense la sigaretta e, poco dopo, lo seguì, con le mani sprofondate nelle tasche.

Un uomo con un giaccone sdrucito e un berretto da marinaio, un po' gobbo, con un voluminoso pacco sotto il braccio, si staccò dal muro, dove stava appoggiato come se aspettasse qualcuno, e li seguì a distanza.

Capitolo 16

Venerdì 28 settembre, ore 9.15

Luigino non aveva chiuso occhio.

Alla fine si era assopito per un'ora, vestito, sulla vecchia poltrona verde e si era svegliato con un dolore al fianco. Poi si era preparato una scodella di latte caldo e ci aveva inzuppato del pane.

Quel Tarcisio Marcenaro gli stava facendo perdere la bussola.

Non poteva rinunciare al suo progetto così, per colpa di uno che non ubbidiva agli ordini, che non si piegava alle regole. Era il suo momento, adesso, e nessuno avrebbe potuto toglierglielo. Avrebbe dovuto trovare il modo di far andare le cose come diceva lui, per chiudere la faccenda nel modo giusto.

Per fare ciò, però, doveva prevedere, osservare, capire. Senza farsi notare.

Per questo, ora, passava e ripassava con aria indifferente e i sensi all'erta – vestito del suo vecchio giaccone, col berretto da marinaio e il pacco sotto il braccio – in via Andrea Costa, con l'aspetto dimesso di tutti i giorni.

Si guardò attorno con circospezione, osservò qualche passante. Era certo che tutti loro non sapevano. Non sapevano di cosa era capace. Non sapevano con chi avevano a che fare.

Non c'era voluto molto a capire che il poliziotto di guardia era il giovanotto biondo seduto nella 600 blu parcheggiata giusto di fronte al portone di Marcenaro.

Com'erano stupidi!

Come se fosse normale che un giovanotto di quella età passasse il tempo chiuso in macchina a leggere il giornale, sempre nello stesso posto.

A Luigino sembrava di giocare al gatto col topo, dove il topo quella mattina era la Polizia, e questo gli causava una bellissima sensazione.

Osservare senza essere visto, spiare i movimenti e la vita di individui ignari della sua presenza gli dava una scossa di adrenalina, una piacevole idea di potenza, anzi, di onnipotenza, poiché si sentiva come uno che ha in mano la vita di altri e gli altri non lo sanno, e per questo non possono farci niente. Un po' come quando osservi un insetto e lui ignora che potresti, all'improvviso, mettergli un ostacolo davanti, spostarlo a piacimento in un altro punto del tavolo, o addirittura schiacciarlo, ucciderlo all'improvviso.

Di Tarcisio Marcenaro, ad esempio, sapeva come si chiamava, dove abitava, cosa faceva... tutto!

Invece di lui Tarcisio Marcenaro sapeva un bel niente!

E anche quell'agente...

Adesso lui lo stava osservando senza essere visto, quello stupido poliziotto che avevano messo alle costole di Marcenaro per proteggerlo da lui: l'assassino di Sestri, quello dall'impermeabile scuro e il cappello floscio.

Quasi quasi gli veniva voglia di scrivere al *Secolo XIX* e spiegare qualcosa ai giornalisti, quegli stupidi giornalisti che blateravano a vanvera. Ma non poteva, non doveva pregiudicare il risultato che si era prefissato, il suo obiettivo.

Pochi giorni prima un cronista, descrivendo l'assassino, aveva addirittura parlato della «belva di Sestri Ponente».

Perché *belva*? Bisognava essere molto cauti, prima di usare certe parole. Cosa ne sapevano loro? E cosa ne sapevano del motivo per cui era stata uccisa Rosa Meneghelli?

Quando si uccideva si passava un limite definitivo, si diventava in un attimo diverso dagli altri, ci si imprimeva in fronte un marchio speciale che nessuno poteva vedere. Questo, caso mai, era interessante!

Soltanto l'assassino stesso e chi lo aveva visto agire poteva sapere, capire la forza e il coraggio del gesto, e questo creava tra l'assassino e il testimone un legame unico. Dopodiché l'assassino girava liberamente, come prima, viveva come prima. Insomma, quasi.

Nessuno in quel momento faceva caso a lui, come se facesse parte del paesaggio, mentre, con la fronte aggrottata, stava formulando pensieri complicatissimi. Aveva l'abitudine di soffermarsi ogni tanto all'angolo delle vie, col pacco sotto il braccio, per mettersi a fischiettare sempre lo stesso motivetto (*Piccolissima serenata* di Teddy Reno) e per guardare la gente passare, lanciando spesso occhiate ansiose all'orologio da polso.

Erano le nove e un quarto. Eccolo!

Tarcisio Marcenaro era appena uscito dal portone, con impermeabile cappello e guanti, si era guardato attorno, aveva visto il poliziotto sistemato nell'utilitaria blu, e si era avviato a passetti rapidi e corti.

Il poliziotto era sceso dall'auto e aveva preso a seguirlo a una decina di metri di distanza. Entrambi andavano verso di lui.

Luigino era talmente sicuro di sé, talmente certo di essere irriconoscibile e di passare inosservato che si concesse il brivido di incrociare Marcenaro, di passargli accanto sul marciapiede, quasi sfiorandolo. Lo stesso fece con il poliziotto.

Marcenaro procedeva con lo sguardo fisso davanti a sé e non si curò affatto di lui. Il poliziotto non lo notò neppure, come fosse l'ombra di uno dei passanti. Luigino, un po' curvo, gli occhi a terra riparati dalla visiera del berretto, lasciò andare un sorriso diabolico: era sicuro che se avesse vestito l'impermeabile scuro e il cappello floscio lo avrebbero notato entrambi. L'uno si sarebbe messo a strillare come un'oca starnazzante e l'altro gli sarebbe balzato addosso, magari impugnando la pistola.

Era un colpo di genio, l'abbigliamento. Nessuno di loro si era mai concentrato sul suo aspetto, ma solo sull'abbigliamento. Così adesso *la belva di Sestri Ponente* poteva apparire o scomparire a piacimento a seconda che indossasse o meno l'impermeabile scuro e il cappello floscio. Proprio come Batman o

Nembo Kid potevano trasformarsi all'istante in Bruce Wayne o Clark Kent!

Dopotutto, anche l'identikit dell'assassino pubblicato dai giornali – uno schizzo maldestro che non gli somigliava affatto – non si limitava forse a descrivere un tizio né alto né basso, un po' curvo, col viso lungo, un cappello floscio e un impermeabile scuro stretto in vita dalla cintura?

E poi *scuro* cosa voleva significare? Marrone scuro? Blu scuro? Grigio scuro?

Cosa intendevano dire definendolo semplicemente *scuro*?

Il suo bell'impermeabile in tela cerata, di fabbricazione inglese, era verde scuro, un colore piuttosto inusuale, e nessuno aveva parlato mai di verde, ma solo di scuro.

Marcenaro e il poliziotto svoltarono l'angolo e Luigino, dopo essersi guardato attorno, entrò nel portone e imbucò una busta nella cassetta postale. Era così sicuro di sé che aveva deciso su due piedi di non spedirla: stava tenendo la situazione perfettamente sotto controllo e non c'era alcun rischio a entrare nel portone che, durante il giorno, restava aperto. Poi tornò fuori e, d'istinto, si incamminò a passo svelto nella direzione presa dagli altri due. Era curioso ed eccitato.

Marcenaro camminava a passetti ravvicinati e regolari, ma sicuramente con quell'andatura non otteneva una gran velocità. Infatti Luigino, a lunghe falcate, raggiunse i due senza fatica, in piazza Baracca.

«Eccoli là», bofonchiò tra sé.

Percorsero la via Biancheri e attraversarono via Puccini al semaforo della stazione.

«Dove vanno?»

Luigino, col pacco sottobraccio, si appoggiò al muro, chinò il capo e si accese una cicca di sigaretta. Dal suo angolo poteva vedere Marcenaro e il poliziotto sul lato opposto della strada, davanti al casotto della pesa.

Ma cosa stavano facendo?

Marcenaro si guardava attorno, prima di infilarsi nel gabinetto pubblico, mentre il poliziotto aspettava sull'angolo della stazione e si accendeva una sigaretta.

Cosa cercava Marcenaro? Cosa aveva perduto? Eppure era chiaro come erano andate le cose, non poteva essersene dimenticato. Luigino la scena cruciale l'aveva vissuta con la massima intensità e poteva ricostruirla istante per istante, fotogramma per fotogramma, senza tralasciarne un solo dettaglio.

Era forse il poliziotto ad averlo condotto sul luogo del delitto per fargli qualche domanda?

Ma no. Era Marcenaro a camminare davanti, il poliziotto lo seguiva a distanza.

E allora?

Cosa stava facendo Marcenaro in quel posto?

Luigino non se lo spiegava.

Ecco che i due si erano messi a confabulare, e poi si riavviavano, l'uno davanti all'altro, attraversavano di nuovo la strada e si dirigevano verso il centro di Sestri.

Ancora una volta stava succedendo qualcosa che lui non aveva previsto.

Luigino si staccò dal muro e li seguì.

Il suo incontrollabile tic si manifestò in maniera parossistica: storse la bocca e strinse convulsamente gli occhi, più volte. Sfregò la cicca sul muro e intascò quel che ne restava.

Sì. Avrebbe dovuto trovare il sistema per parlare a quattr'occhi con Tarcisio Marcenaro. Al più presto.

Capitolo 17

Venerdì 28 settembre, ore 7.45

Quel mattino Maffei era arrivato in ufficio di buon'ora.

Non erano ancora le otto e le donne delle pulizie avevano appena finito di rassettare la stanza: il pavimento era bagnato, la finestra aperta e i rumori del traffico, il suono dei clacson salivano dal viale Delle Brigate Partigiane con sorprendente intensità.

Maffei chiuse la finestra con un colpo secco, lasciò andare un inintellegibile mugugno e sedette alla scrivania col soprabito addosso e il cappello in testa, che si limitò a spingere all'indietro.

Volse attorno gli occhi prominenti, come se cercasse qualcosa, poi tirò a sé la pila di scartoffie nuove di zecca che lo aspettava al centro della scrivania. Diede un'occhiata veloce e allontanò da sé il malloppo dei documenti con una sbuffata.

Non era di cattivo umore, ma nemmeno allegro. Semplicemente portava avanti quell'inchiesta con poca convinzione, come se avesse saputo che ciò che faceva sarebbe stato del tutto inutile al fine dei risultati. Insomma, intuiva di non aver ancora ingranato la marcia giusta e si sentiva come svuotato, privo di buone idee che lo facessero progredire nel lavoro di un solo passo.

Un motivo di frustrazione era certamente la consapevolezza che non avrebbe potuto far sorvegliare Tarcisio Marcenaro giorno e notte ancora a lungo, non aveva abbastanza uomini e quello non era l'unico caso del quale la sua squadra si occupava. Nello stesso tempo era inquieto, perché se a quell'uomo fosse capitato qualcosa...

Del resto qualcosa la sera prima era pur accaduto, ma la buona occasione era andata perduta: l'uomo dall'impermeabile scuro si era dileguato.

Il buon Busalacchi sembrava un cane bastonato perché si sentiva responsabile del fallimento, ma Maffei sapeva benissimo che non era così: era il caso, quel maledetto momento in cui il meccanismo si inceppa e ogni iniziativa sembra destinata ad andare storta.

Il commissario tolse soprabito e cappello, rovistò nel casellario e prese il fascicolo del caso Meneghelli. Cominciò a scorrerlo per l'ennesima volta ma, dopo una pagina, si rese conto che non avrebbe saputo ripetere una sola parola di quel che aveva appena letto.

Con la mente tornò instancabilmente alla scena della stazione: una domenica in cui era già buio alle cinque del pomeriggio, sotto la pioggia scrosciante: immaginava il treno in arrivo da Genova Brignole che rallentava e si fermava facendo stridere i freni. E Tarcisio Marcenaro che scendeva, apriva l'ombrello – perché al binario 3 non c'è la pensilina – e si ingolfava nelle scale del sottopassaggio insieme a una ventina di viaggiatori che lasciavano impronte scure sul pavimento di piastrelle. Percorreva il sottopasso illuminato da una luce al neon, che faceva sembrare i visi verdastri, e sbucava al binario 1, dove si era appena fermato il diretto proveniente da Ventimiglia, dal quale erano scesi altri passeggeri, tra cui Rosa Meneghelli. E, tutti insieme, si erano accalcati nell'atrio della stazione, bloccati dal semaforo rosso che impediva il defluire della folla.

Poi immaginava Rosa Meneghelli con i capelli ossigenati e le labbra dal rossetto vermiglio, piuttosto volgare, che sotto l'ombrello usciva dalla stazione illuminata e si avviava verso ponente, sul marciapiede deserto e buio, alla destra del quale le automobili scorrevano con i fari accesi, sollevando schizzi di acqua sporca. Tarcisio Marcenaro che la seguiva a ruota, anch'egli sotto il suo ombrello nero. E qualcuno, un uomo di circa quarant'anni, che sbucava dal nulla e strangolava la donna con un cavo per poi sparire nella pioggia.

Marcenaro non era in grado di dire se l'uomo stesse aspettando Rosa Meneghelli dietro l'angolo della stazione, oppure stesse camminando anche lui lungo il marciapiede.

Quanto era durata la scena?

Quanto tempo occorre per strangolare una persona?

E Marcenaro che assisteva al delitto senza muoversi, paralizzato dall'orrore.

Dopotutto, almeno per Marcenaro, era stato il caso a metterlo su quella strada: il semaforo rosso, l'impazienza di aspettare sotto la pioggia che diventasse di nuovo verde e la presenza dell'attraversamento pedonale, senza semaforo, a cento metri di distanza.

Ma la Meneghelli? Era per lo stesso motivo che invece di aspettare il semaforo verde aveva deciso di camminare verso ponente, verso le strisce pedonali?

Cos'era andata a fare a Sestri? Chi doveva incontrare?

Questo era un aspetto fondamentale sul quale le indagini non avevano fatto il minimo progresso.

Aveva fatto pubblicare la foto della donna su tutti i giornali locali – *Il Secolo XIX*, *Il Lavoro*, *Il Corriere Mercantile* – chiedendo in particolare di informare la Polizia se qualcuno, a Sestri Ponente, la attendeva domenica 16 settembre: niente di niente. Aveva telefonato qualcuno da Savona, qualcuno da Pietra Ligure e un'anziana signora che, da ragazza, l'aveva conosciuta.

L'uomo dall'impermeabile scuro aspettava proprio lei oppure, in preda a un raptus, aveva colpito a casaccio il primo passante?

Anche questo era un elemento fondamentale.

Se non ci fosse stata la Meneghelli sarebbe forse toccato a Tarcisio Marcenaro, oppure l'omicida voleva comunque colpire una donna?

Nessuno poteva dirlo, se non l'assassino.

Oramai l'idea del professionista venuto a uccidere una vittima predestinata gli era sbiadita nel cervello come una macchia d'unto nella varechina: semplicemente non ci credeva più. Pensava piuttosto a un pazzo, un maniaco, uno che avrebbe potuto uccidere ancora, chissà per quale insensato motivo. Un uomo con in testa una molla rotta che lo aveva fatto diventare un omicida.

D'altra parte il comportamento dell'assassino, dopo i fatti della sera precedente, risultava del tutto bizzarro e fuori dagli schemi. Aveva affrontato Marcenaro in via d'Andrade, perché intendeva davvero ucciderlo? Se non intendeva ucciderlo cosa voleva fare, cosa voleva da lui? Questo era un altro punto fondamentale.

L'aspetto più frustrante era il fatto che, allo stato attuale, l'unica speranza consisteva nell'eventualità che l'uomo si facesse di nuovo vivo con Marcenaro, seppur fosse impossibile intuire prima con quali intenzioni. Non era certo un'allegra prospettiva! Tuttavia, la realtà era quella.

Brutta faccenda, anche perché adesso l'uomo sapeva che Marcenaro era sorvegliato, e probabilmente si sarebbe ben guardato dal farsi vivo ancora.

Dunque si tornava al punto di partenza: occorreva mettere le mani sull'uomo dall'impermeabile scuro al più presto, prima che quello facesse del male a Marcenaro, solo che Maffei non aveva uno straccio di pista per anticiparne le mosse e acciuffarlo. Situazione bloccata.

Al commissario all'improvviso venne una gran voglia di andare a Pietra Ligure e a Cairo Montenotte, per interrogare tutti coloro che avevano conosciuto Rosa Meneghelli. Sapeva benissimo che lo avevano già fatto i suoi uomini, ma lui non poteva starsene così, con le mani in mano, in ufficio, a rimuginare sulla propria frustrazione.

Tirò a sé un foglio di carta e prese a tracciarvi dei segni, delle parole sconnesse tra loro.

A un tratto gli occhi si fissarono su un punto del muro, come se ci fosse scritto chissà cosa. Ebbe un sobbalzo. Lo sguardo si fece più acuto, dopodiché il commissario tracciò un grande punto interrogativo sulla carta: gli era appena tornato in mente il particolare di cui si era dimenticato. Finalmente!

Sorrise di soddisfazione, alzò la cornetta del telefono e pigiò il tasto della stanza degli ispettori.

«Chi parla?»

«Sono Rosati, capo. Ben arrivato.»

«Senti Rosati, procurati al più presto un orario ferroviario e portamelo qua, per piacere.»

«Sarà fatto, capo.»

Maffei chiuse la telefonata e si accese la prima sigaretta della giornata, dalla quale aspirò una lunga boccata con voluttà.

Quindi prese un appunto: quella banale azione l'avrebbe compiuta senz'altro nei prossimi giorni, per il momento l'essenziale era essersene ricordato e averla fissata sulla carta.

In quel momento il telefono squillò. «Pronto, Maffei!»

«Buongiorno, capo, sono Malvezzi.»

Il commissario lanciò meccanicamente un'occhiata all'orologio: erano le dieci e mezzo e non era ancora l'ora del rapporto. «Oh, Malvezzi, buongiorno! Che succede di bello?»

«Niente di particolare, capo. Però volevo raccontarle quello che ha fatto stamattina il nostro uomo.»

«Dimmi.»

«Be', è uscito e invece di passeggiare in centro se ne è andato alla stazione e si è messo a perlustrare il luogo del delitto come un segugio che cerca i tartufi.»

«Ma va'!»

«Eccome. Non le pare strano?»

Maffei rifletté per un attimo. «Visto il personaggio non è detto che sia strano, ha un approccio piuttosto maniacale alle cose. Cosa ha fatto, di preciso?»

«Ha curiosato attorno e poi si è infilato nel gabinetto pubblico. Ne è uscito con un gran sorriso di trionfo dipinto sulla faccia.»

«Come mai?»

«Be', capo, dice che continuava a essere ossessionato dal fatto di non aver visto l'uomo dall'impermeabile scuro finché non ha strozzato la Meneghelli. E adesso si è convinto di non averlo visto perché quello non c'era, ma è sbucato appunto dal gabinetto. Quindi, secondo Marcenaro, non veniva dalla stazione e non stava seguendo la donna.»

«Te lo ha detto lui?»

«Più o meno. Il senso è quello. Io ho cercato di evitare di parlargli, ma lui si è avvicinato e...»

«Fa niente.»

«Ecco tutto. Mi pareva giusto informarla subito.»

«Hai fatto bene.»

«La sua convinzione sulla dinamica del delitto mi sembrava utile. Pensa che significhi qualcosa?»

«Non si sa mai. Tutto fa, diceva quello che pisciava in mare.»

«Come dice, capo?»

«Niente. Continua a tenerlo d'occhio.»

Capitolo 18

Domenica 30 settembre, ore 21.45

C'era stato un colpo di coda dell'estate: una domenica radiosa e tiepida che aveva visto gli uomini in giro in maniche di camicia, con la giacca in spalla e la radiolina a transistor incollata all'orecchio per seguire la partita, e i bambini sgambettare felici nel sole mentre le madri li richiamavano in continuazione. Qualcuno leccava un gelato.

Una calda domenica qualunque.

Eppure il tramonto precoce aveva ricordato subito a tutti che ottobre era alle porte con le sue giornate bigie e piovose: l'aria si era rinfrescata di colpo, erano tornate le giacche e la ricreazione era finita.

Le strade, in particolare via Garibaldi, avevano visto la folla diradarsi un po' alla volta e lasciare spazio al silenzio malinconico della domenica sera, con qualche refolo di vento autunnale che sollevava la polvere, i biglietti del tram gettati a terra e le foglie gialle dei platani della piazza.

Tarcisio Marcenaro non aveva passato la domenica in giro per il centro storico di Genova, come di consueto, non aveva pranzato nella trattoria di Sottoripa dove era un cliente abituale. Forse per riguardo verso l'agente di Polizia che lo pedinava, non si era mosso da Sestri. Si era limitato a fare una passeggiata alla marina, poi in via Garibaldi e al grande parco di villa Rossi Martini, a passetti corti e veloci, col busto impettito e le mani dietro la schiena, impeccabilmente vestito con tanto di cappello e soprabito, nonostante i ventidue gradi di quella domenica pomeriggio.

Malvezzi avrebbe giurato che, nonostante tutto, Marcenaro non emettesse una sola goccia di sudore, come se non avesse nemmeno una stilla d'acqua da sprecare. Alle sette era tornato a casa senza aver rivolto la parola a chicchessia.

Strano tipo – pensava l'ispettore –, un uomo cortese con tutti, distinto, che però non ha amici e non ha veri rapporti con nessuno tranne che con la moglie malata alla quale ha consacrato l'intera esistenza. Mai uno scatto d'impazienza, mai fretta, mai un'espressione seccata o un tono spazientito, eppure motivi per essere di cattivo umore ne ha a volontà. Oltre alla moglie le uniche persone con le quali chiacchiera, nella bella stagione, sono i vicini di panchina della piazzetta, con cui scambia qualche frase di circostanza o commenta un episodio di cronaca. Non frequenta un bar, non va al cinema, non va alla partita. Ma non va neppure in chiesa né alla bocciofila.

L'ispettore Malvezzi era molto stupito da questo aspetto. Infatti, pensava che al posto di Marcenaro lui avrebbe avuto un gran bisogno di evadere, di bucare ogni giorno per qualche ora il diaframma opprimente che lo separava dal resto del mondo e lo relegava nei dialoghi surreali che l'uomo doveva avere con la moglie. Invece Marcenaro non solo sembrava vivere in un bozzolo, ma dava l'impressione di difenderne l'integrità con tutti i mezzi. Perfino quando usciva, quando evadeva, era per passeggiare da solo, pranzare da solo, ammirare chiese e musei da solo. E ugualmente era cortese, gentile, premuroso con tutti e chiunque lo conoscesse lo definiva *un signore tanto per bene*.

Malvezzi alzò le spalle e borbottò tra sé. «Mah. Magari è la differenza d'età che mi impedisce di capire. Chissà se a sessant'anni diventerò anch'io così...»

Alle otto l'ispettore Busalacchi gli diede il cambio.

«È uscito?»

«Sì, alle quattro. Ha preso un caffè al bar Tremate, poi ha fatto una passeggiata fino alla marina, è andato all'aeroporto a veder partire il Caravelle per Londra, ha percorso due volte via

Garibaldi, ha fatto il giro dei giardini della villa Rossi, infine si è seduto su una panchina del piazzale davanti alla villa a leggere il giornale, ma i bambini che pattinavano lo infastidivano, così si è spostato in un angolo più solitario. Poi è tornato a casa, alle sette.»

«Uhm», fece Busalacchi. «Chissà se stasera uscirà di nuovo per la passeggiata igienica, dopo cena.»

«Be', buona notte», disse Malvezzi e si allontanò con le mani in tasca, in direzione della piazza, verso la fermata del tram.

Il giovane Busalacchi si appoggiò al parafango della 600 e fumò una sigaretta, guardando la facciata del palazzo di fronte dove, al piano rialzato, le finestre di Tarcisio Marcenaro erano illuminate e ogni tanto si scorgeva una sagoma scura passare davanti alle tende di Terital, come un'ombra cinese. Due finestre affacciavano sulla strada e due sul giardinetto di fianco al palazzo. A un certo punto il poliziotto intravvide Marcenaro chino che sospingeva la carrozzina: evidentemente stava trasferendo la moglie in camera da letto. Guardò l'orologio: le dieci. Forse da lì a poco il suo sorvegliato sarebbe uscito per la passeggiata serale: se non altro anche lui si sarebbe sgranchito un po' le gambe.

Busalacchi aveva dimenticato una costante della ordinatissima e metodicissima vita di Tarcisio Marcenaro: usciva tutte le sere tranne la domenica, poiché la domenica affidava la moglie alla vicina e bighellonava per tutto il giorno nel centro storico. Quel giorno non era andata così, ma l'uomo era stato ugualmente in giro un paio d'ore e così, quella sera, non mise il naso fuori di casa.

L'ispettore si apprestò a trascorrere la notte al proprio posto, bevendo caffè dal thermos che si era portato, fumando sigarette e leggendo un romanzo d'avventura alla luce di una minuscola torcia elettrica: era certo che non sarebbe accaduto nulla.

Alle undici e trenta l'ispettore vide nuovamente la silhouette di Marcenaro muoversi dietro le tende, stavolta con una tazza in mano: portava la camomilla alla moglie. Poco dopo gli sportelli delle persiane furono abbassati, e tutte le luci si spensero.

Gli ispettori di guardia avevano ormai imparato a conoscere tutti gli inquilini del caseggiato, il postino, alcuni visitatori ricorrenti.

La zia di una giovane sposa, che aveva appena partorito, se ne andò poco dopo le nove; più tardi dal portone uscì l'inquilino del terzo piano per portare il cane a fare la consueta passeggiata serale; il giovane del secondo piano invece rincasò verso mezzanotte, dopo aver issato la Lambretta sul cavalletto. Dopodiché, unica forma di movimento nel condominio fu un gatto nero che, verso le due del mattino, balzò sulla cancellata del giardinetto di Marcenaro e saltò nella strada, atterrando sulle quattro zampe con la coda ritta e guardandosi attorno con aria circospetta.

Busalacchi non si appisolò neppure un attimo e la notte trascorse tranquilla, senza nessun altro movimento da rilevare.

PARTE TERZA

Dove qualcun altro ci lascia le penne
e Maffei ha un'illuminazione.

Capitolo 19

Lunedì 1° ottobre, ore 2.30

Era un tuono quello che si era appena udito brontolare lontano?

La domenica era stata mite e tiepida, quasi estiva, ma dopo il tramonto tutto era cambiato nello spazio di un attimo. Era giunta una ventata decisa, da ponente, e il tempo si era guastato all'improvviso volgendo al libeccio, come se avessero azionato un interruttore, ammassando sulla costa nuvole scure e dense.

Le barche, alla marina, avevano preso a cozzare l'una contro l'altra con un gran sciabordio d'acqua e tintinnio di sartie.

Non pioveva, ma qualcosa nell'aria lasciava presagire che sarebbe potuto accadere da un momento all'altro.

Nel cuore della notte Sestri era tranquilla e deserta, solo il vento la faceva da padrone: scuoteva gli alberi, staccava le foglie, faceva oscillare insegne e lampioni, si insinuava fischiando nei vicoli e nelle fessure delle imposte. Così le luci della pubblica illuminazione baluginavano a sprazzi tra cigolii sinistri e lanciavano lame gialle, lunghe e oscillanti sul selciato, brulicante di foglie morte.

Luigino non aveva freddo, non temeva la pioggia incipiente, e provava una sorta di intima soddisfazione.

Innanzitutto si sentiva forte, sicuro di sé. Aveva indossato l'impermeabile verde scuro e il cappello di feltro marrone ad ala floscia, e l'insieme lo faceva sentire ben vestito e allo stesso tempo completamente calato nella parte, come un attore che avesse provato a lungo la scena sino ad aver fatto del tutto suo il personaggio da interpretare.

Diede una stretta vigorosa alla cintura del *trench* e attraversò la piazza dei Micone in diagonale, a passo svelto, zigzagando tra le bancarelle sguarnite del mercato ortofrutticolo, pietrificate sotto i teloni in attesa del risveglio mattutino.

Gli piaceva uscire a quell'ora, quando si sentiva il padrone della città. Di solito incontrava soltanto qualche gatto e talvolta un guardiano notturno. Vestito così non era certo la stessa persona che di giorno percorreva quelle medesime strade, un uomo che nessuno si prendeva la briga di notare, sul quale gli sguardi scivolavano indifferenti senza trovare alcun appiglio.

No. Adesso lui era *la belva di Sestri Ponente*. Quasi gli veniva da ridere.

Teneva le mani in tasca e, così facendo, sfiorava il biglietto.

Non resistette. Era una specie di compulsione nervosa che lo attanagliava da quando era uscito di casa: quell'azione l'aveva già ripetuta a più riprese, come se ogni volta si aspettasse di ottenere un risultato diverso. Si fermò sotto un lampione e, alla luce ondeggiante, estrasse il biglietto e lo rilesse per la quarta volta, per convincersi di aver letto bene, di aver capito giusto, ma, specialmente, per assicurarsi che il biglietto c'era ed era vero, non era un sogno. C'erano scritte due sole parole: VA BENE.

Ce l'aveva fatta!

Come da sue istruzioni, il biglietto lo aveva trovato nel cestino dei rifiuti prestabilito, ogni volta uno diverso.

Insomma, quello che doveva fare a proposito della vecchia dai capelli color stoppa lui lo aveva fatto e ora si apprestava a ricevere la ricompensa.

Il posto convenuto lo aveva scelto lui, perché era lui che teneva le fila del gioco, era lui che dava le carte in quella partita senza esclusione di colpi e gli piaceva assaporare l'intima soddisfazione di sentirsi il vero dominatore: una sensazione bellissima.

Il viso di Luigino all'improvviso si deformò in preda al solito tic parossistico, il corpo si contrasse in una serie di brividi incontrollati. Si fermò e strinse forte le ginocchia, l'una contro l'altra. Poi si calmò e riprese a camminare nelle strade deserte.

Doveva raggiungere i giardini pubblici di piazza Monte Santo, davanti alla scuola elementare Foglietta.

I giornali avevano smesso di parlare dell'omicidio del 16 settembre, ma Luigino sapeva bene che la faccenda non era affatto risolta. La Polizia stava alle calcagna di Tarcisio Marcenaro, lo seguiva come un'ombra, ma cercava lui, proprio lui, Luigino Piccardo, l'uomo dall'impermeabile scuro e il cappello floscio, l'efferato assassino di Sestri Ponente, che adesso se ne andava libero nella notte a riscuotere il suo compenso.

Gli avevano perfino teso una trappola, quelli della Polizia, e lui l'aveva scansata. Ora speravano che avvicinasse di nuovo Marcenaro, ma lui non era mica scemo: non ci pensava neppure a fare una cosa del genere.

Quanto erano stupidi quelli della Polizia! Non lo avrebbero mai preso. Bastava che si togliesse impermeabile e cappello e *la belva di Sestri Ponente* non esisteva più, scompariva come nebbia al sole.

Un mostro, un assassino... Ma lui era un artista!

Percorse un tratto di via Garibaldi, poi tagliò a sinistra, in un vicolo, e sbucò in via Ciro Menotti.

Ancora pochi metri e i giardini gli si pararono davanti, sulla sinistra. Attraversò la strada. Non c'era anima viva. La facciata della scuola era buia e immobile, le finestre dei palazzi che affacciavano sui giardini erano spente e chiuse, gli alberi si lasciavano scuotere dal vento producendo un fruscio sontuoso e solenne.

Luigino si guardò ancora attorno: sempre nessuno.

Sedette su una panchina e accese una sigaretta, la fumò a boccate frenetiche, continuando a lanciare occhiate circolari con fare sospettoso, mentre il tic gli deformava di nuovo i tratti.

Fece un ghigno astuto. Aveva deciso: per festeggiare, il pomeriggio seguente non lo avrebbe passato al cinema Italia come al solito, ma al cinema teatro Verdi, il più caro di Sestri, a concedersi una novità in prima visione.

Ormai era andata e lui non doveva pensare ad altro che a godersela. E quella non era la fine, era l'inizio: l'altro avrebbe dovuto seguirlo.

Si strappò a quei piacevoli progetti e si concentrò di nuovo sul presente: pochi minuti ancora e tutto sarebbe finito.

Non c'era alcun pericolo. Non poteva esserci alcun pericolo, perché lui aveva pianificato tutto, calcolato tutto, anche l'ora stabilita per l'operazione. Aveva dato ordini precisi e gli ordini erano ordini. L'altro doveva rispettarli perché aveva paura. Aveva paura di lui!

Guardò l'orologio: le due e mezzo. A quell'ora l'altro aveva fatto la consegna da un pezzo, all'una, secondo le sue istruzioni, e gli spazzini sarebbero venuti solo il mattino seguente. L'altro non sapeva, non poteva immaginare quando lui si sarebbe mosso. Intrecciò le dita e le strinse forte, le nocche divennero bianche e le mani presero a tremare all'unisono per qualche secondo. Poi riprese il controllo.

Aveva tutto il tempo.

Spense la sigaretta col tacco e si alzò, come chi di colpo ha preso una decisione.

Attraversò i giardini e si portò in fondo, alla cancellata confinante con il cortile della scuola. Lì, in un angolo buio, attaccato a un palo verde, c'era un cestino dei rifiuti.

Luigino si guardò attorno ancora una volta e ancora una volta non vide nessuno. Udì un fruscio in un cespuglio lì vicino, ma ne uscì un gatto di gran carriera.

Malgrado tutto sussultò e sgranò gli occhi. «Maledetti gatti!»

Calma!

Non doveva fare così, non faceva parte del personaggio. Era notte e lui era un altro, uno che non aveva paura di nessuno.

Si avvicinò al cestino dei rifiuti. Si vedevano solo cartacce.

Prese a rovistare, prima con calma, poi nervosamente. Tolse alcuni fogli di giornale, un sacchetto di patate fritte, la cialda di un cono gelato mezzo sfatta, infine, sotto lo strato di immondizia, trovò quello che cercava: un pacco della dimensione di un grosso mattone. Eccolo!

Le mani gli tremarono per l'emozione. Si guardò attorno per l'ennesima volta, il vento faceva frusciare i cespugli. Fece per infilare il pacco in una tasca dell'impermeabile ma non ci riuscì, era troppo grosso. Allora si spostò e sedette su una panchina poco distante, in un punto più illuminato.

Il tic lo assalì in modo aggressivo.

Non resisteva. Prese a scartare il pacco, tolse lo spago, strappò la carta di giornale con dita febbrili e movimenti convulsi.

Ma, una volta aperto l'involto, si rese conto che dentro c'erano solo pezzi di giornale tagliati accuratamente, della dimensione di una banconota da diecimila lire. Pezzi di giornale! Che stava succedendo?

Luigino avvertì un brivido gelato scorrergli lungo la schiena e sbarrò gli occhi, le mani presero a tremargli più forte che mai.

Come era possibile?

Aveva osato disobbedirgli, imbrogliarlo, dopo quel che aveva fatto?

Il tic non lo abbandonava, a furia di strizzarli, gli occhi lacrimavano: se li asciugò col dorso della mano. Posò l'involucro sulla panchina, accanto a sé.

E adesso?

Si prese la testa tra le mani.

Era sconcertato.

Udì un fruscio leggero dietro di sé, un altro più vicino. All'improvviso ebbe paura, balzò in piedi e si voltò di scatto con gli occhi sgranati: non era stato il vento a scuotere il cespuglio.

Luigino aprì la bocca per parlare, ma non fece in tempo. Un'ombra gli si parò davanti e lui avvertì due colpi al ventre, come se lo avessero preso a pugni, e un terzo al petto.

Non provò dolore, solo un'immensa stanchezza che lo fece ripiegare su se stesso, cadere sulla panchina.

Ma come?

Non era possibile che...

Eppure...

Poi tutto divenne buio.

I suoi occhi rimasero spalancati sulla notte, esprimendo solo un immenso eterno stupore.

Una mano guantata raccolse l'involucro di giornale abbandonato sulla panchina e scomparve.

Il vento ululò più forte e le prime gocce di pioggia iniziarono a cadere, mischiandosi alla pozza di sangue sul terreno.

Capitolo 20

Lunedì 1° ottobre, ore 6.10

Non era sveglio e non stava dormendo.

Il commissario Maffei si trovava in quella particolare condizione a metà strada tra il sonno e lo stato cosciente, tra la realtà e il sogno.

Aveva il suo personale orologio biologico che lo portava a svegliarsi, indipendentemente dall'ora in cui si era coricato, alle sette in punto. Il risveglio era sempre preceduto da uno stato che non era più sonno profondo, ma una fase in cui si crogiolava in bizzarri sogni e visioni strampalate, che lui viveva consapevole di sognare. In quel momento sognava di essere in procinto di salire su un treno, ma quando metteva il piede sul predellino del vagone quello si spostava di qualche metro e si fermava di nuovo. Allora lui rimetteva il piede sul predellino e il vagone riprendeva a muoversi. A quel punto qualcuno lo aveva afferrato per una spalla e lo scuoteva.

«Carlo! Carlo, svegliati!»

Il commissario si rivoltò nel letto e realizzò all'istante che la luce era accesa, sua moglie era china su di lui e lo stava scuotendo per la spalla.

«Che c'è?»

«Il telefono. È Rosati. Dice che è urgente.»

«Che ore sono?»

«Le sei e venticinque.»

«Uhm!»

Maffei sedette sulla sponda del letto e cercò le pantofole con le punte degli alluci, ma dovette chinarsi perché una era finita sotto il letto. La moglie gli porse la vestaglia. «Copriti, sennò prendi freddo.»

Afferrò la cornetta. «Che c'è?» brontolò con il tono scontento. «È successo qualcosa a Marcenaro?»

La voce di Rosati era titubante. «Macché capo. Non ci crederà. Un uomo accoltellato, in piazza Monte Santo, a Sestri. Il fatto è che... insomma, tutto fa pensare che sia il nostro uomo.»

«Quale uomo?»

«Quello dall'impermeabile scuro!»

«Ma dai!»

La voce di Rosati si fece ancora più titubante. «È solo una mia supposizione, capo. Ha un impermeabile verde scuro e un cappello floscio marrone, età e descrizione grosso modo corrispondono. Però io non l'ho ancora visto, mi hanno chiamato a casa. C'è Malvezzi sul posto.»

Maffei aggrottò la fronte. «Porca miseria! E Marcenaro?»

«Niente di nuovo, capo. Busalacchi è sempre di guardia davanti al portone. Marcenaro ieri sera non è uscito ed è ancora in casa che dorme beato.»

«Meno male. Allora passami a prendere. Senti, manda Malvezzi a dare il cambio a Busalacchi e fagli dire che venga subito sul luogo del delitto. Voglio che dia un'occhiata al cadavere. Busalacchi è l'unico di noi ad aver visto l'uomo dall'impermeabile scuro.»

«Va bene, capo.»

Maffei si sbarbò, si vestì, mandò giù un caffè di corsa e subito il campanello trillò. Si infilò il soprabito, prese il cappello e diede alla moglie il solito bacetto frettoloso, poi infilò le scale.

«Scappi sempre senza aver fatto colazione, lo sai che dovresti fare colazione, il mattino. Poi finisci per mangiare paciughi nei bar e...»

Ma il commissario era già sparito nelle scale, da dove giungeva il rumore dei suoi passi che scendevano alla svelta.

La Giulietta della Polizia filava a sirene spiegate verso Sestri Ponente, facendosi largo nel traffico ancora scarso di un'alba livida, in cui le strade erano bagnate e cosparse di pozzanghere, le grondaie gocciolavano e squarci di cielo azzurro, qua e là, sfilacciavano le nuvole basse e scure; il vento era caduto e aveva lasciato il posto a una brezza fresca e leggera: dal punto di vista meteorologico, qualunque previsione sul tempo della giornata era impossibile e tutto sarebbe potuto accadere.

Maffei e Rosati erano seduti sul sedile posteriore, al volante c'era un giovane agente.

«Chi lo ha trovato?»

«Un operaio delle acciaierie di Cornigliano che abita lì vicino. Aveva finito il servizio notturno e stava tornando a casa, ha una Vespa e in pochi minuti era lì. Ha parcheggiato la moto lungo i giardini e ha notato un uomo seduto in posizione strana sulla panchina. Già era strano che qualcuno si trovasse ai giardinetti a quell'ora, in più l'uomo non era seduto e non era sdraiato, era raggomitolato. Così ha pensato che si sentisse male ed è andato a controllare. C'era sangue dappertutto.»

Quando arrivarono in piazza Monte Santo, un capannello si era formato nei giardini pubblici, un paio di agenti tenevano lontani i curiosi e un gruppetto di persone era chino su una panchina, al centro della scena.

Il dottor Mariotti si raddrizzò di colpo. «Buongiorno, commissario!»

«'Giorno, dottore», brontolò Maffei scontento. «Ha fatto presto a venire.»

«Gioco in casa. Lo sa che abito qui a due passi, in via Molfino.»

«Che mi dice?»

«Tre coltellate. Due all'addome e una al petto. Probabilmente quella al petto ha colpito il cuore, ma glielo confermerò dopo l'autopsia.»

«Ora del decesso?»

«A occhio e croce direi tra l'una e le tre di questa mattina. Anche su questo sarò più preciso.»

«Quello che lo ha trovato chi è?»

«Quel tizio là.» Malvezzi indicò un uomo fra i trenta e i quaranta, con un basco blu, che se ne stava in disparte con aria preoccupata.

«Si chiama Giorgio Chiappori, lavora all'Italsider.»

«Fatelo deporre e poi mandatelo a casa.»

«Sissignore.»

«La procura?»

«Stanno arrivando, capo, la Scientifica pure.»

«Bene!» Maffei si voltò di colpo verso Busalacchi. «È lui?»

«Sembrerebbe. Sa, io l'ho visto praticamente di profilo e di spalle, da lontano, il viso verso di me lo ha voltato solo per un attimo, prima di scappare. Ma potrebbe essere lui. Per lo meno è la prima sensazione che ho avuto quando ho visto il cadavere. Credo che Marcenaro...»

Maffei sollevò il cappello e si diede una grattata in testa. «Uhm! Già, Marcenaro. Senti, Busalacchi, Malvezzi ha preso il tuo posto, vero?»

«Sì. L'ho lasciato là mezz'ora fa.»

«Bene. Allora torna da lui, svegliate Tarcisio Marcenaro e portatelo subito qua. Voglio che veda il morto adesso, vestito com'è, e mi dica se è lo stesso uomo del delitto Meneghelli. Mostrarglielo all'obitorio, sotto un lenzuolo, potrebbe non fargli lo stesso effetto. Svelto!»

Busalacchi partì di gran carriera e tornò una mezz'ora dopo in compagnia di Malvezzi e di un Tarcisio Marcenaro riluttante, spettinato e senza cravatta, le sopracciglia inarcate, gli occhi azzurri spalancati e spaventati e l'aria di voler scappare a gambe levate da un momento all'altro.

«Signor commissario! La prego, io non sono abituato a queste cose, i morti mi fanno impressione. Il suo ispettore mi ha tirato giù dal letto e mi ha detto che è stato accoltellato, e io...»

«Poche storie, Marcenaro!» lo interruppe Maffei in modo brusco. «Ho bisogno che lei mi dica se questo è l'uomo che ha strangolato Rosa Meneghelli e se è lo stesso uomo che ha tentato di assalirla in via D'Andrade.»

Prese Marcenaro per un braccio e lo sospinse poco delicatamente verso la panchina, dove il cadavere era stato coperto con un lenzuolo, quindi si chinò, sollevò il lenzuolo e si raddrizzò puntando gli occhi in faccia al testimone. «È lui?»

Marcenaro titubò, torcendosi convulsamente le mani, poi si decise ad abbassare lo sguardo, si soffermò sul viso dell'uomo, che aveva ancora gli occhi aperti, chiuse i suoi per un attimo e si voltò di scatto, girando la schiena al morto.

«È lui o non è lui?» ripeté implacabile Maffei.

«Ecco, io... l'ho visto solo di sfuggita. Quando mi ha afferrato in via D'Andrade, io...»

«È lui o non è lui?»

«Sì, credo proprio che sia lui», disse infine Marcenaro, lasciando andare un sospiro.

«Bene. Poi registreremo la sua deposizione. Lei adesso può tornare a casa.»

«Grazie, commissario. Sa, mia moglie...»

«Lo so, lo so. Come vede le abbiamo rubato solo pochi minuti», tagliò corto Maffei e si volse a Rosati. «Si sa chi è?»

«Sì. Gli abbiamo trovato addosso il portafoglio con tanto di carta di identità. Si tratta di un certo Luigi Antonio Piccardo, di anni 38, celibe, abitante in via Piero Maroncelli, qui a Sestri.»

«Ha famiglia?»

«Non lo sappiamo ancora, commissario.»

«Va bene. Malvezzi e Busalacchi, voi andate in via Maroncelli, avvertite la famiglia, se c'è, e cercate di scoprire quanto è possibile su questo Piccardo. Io e Rosati aspettiamo la procura. Ci vediamo a rapporto nel mio ufficio, diciamo...» Maffei guardò l'orologio, «diciamo alle dieci e mezzo, o comunque appena possibile.»

«D'accordo, capo.»

Maffei spinse il cappello all'indietro, sulla nuca, poi si sfregò le mani e fissò Rosati. «Bene. E adesso si ricomincia daccapo!»

«Daccapo?»

«Eh, per forza. Qui c'è di mezzo qualcun altro e noi ne sappiamo meno di prima.»

«Lei cosa pensa, capo?»

«Per adesso ne penso che siamo nella merda. Ma ne parliamo dopo, ecco il giudice.»

Maffei si diresse con la mano tesa verso l'auto dalla quale stavano scendendo il giudice e il sostituto procuratore della Repubblica. Subito dopo arrivarono il furgone della scientifica e quello mortuario, per portare via il cadavere.

Cominciava la solita liturgia di routine: nastri colorati a delimitare la zona, fotografie scattate a ripetizione, guanti di gomma, segni di gesso sul suolo.

Ben presto si formò una vera folla di curiosi, il traffico in via Ciro Menotti si bloccò del tutto e un tram prese a scampanellare furiosamente.

Erano quasi le otto e la città si metteva in moto, come ogni giorno.

Capitolo 21

Lunedì 1° ottobre, ore 10.15

Il commissario Maffei, seduto alla scrivania, aspettava i suoi uomini per il rapporto delle dieci e trenta. Nel frattempo aveva sfogliato l'agenda e aveva trovato la nota presa due giorni prima. Guardò l'orologio: mancava un quarto d'ora al rapporto, ma quel che doveva fare era cosa da niente e un quarto d'ora sarebbe bastato. Avrebbe ingannato il tempo. Perciò alzò il ricevitore del telefono.

Gli rispose la solita voce impostata, un po' nasale. «Centralino, dica!»

«Sono Maffei. Passami la stazione ferroviaria di Sestri Ponente. Voglio parlare col capostazione. Resto in linea.»

«Subito, signor commissario.»

Passò un mezzo minuto, si udirono alcuni scatti metallici e qualche gracchio, poi una voce stentorea dal forte accento genovese. «Pronto! Sono Giacomo Delle Piane, il capostazione di Sestri.»

«Buongiorno, signor Delle Piane, sono il commissario Maffei della Polizia giudiziaria. Mi scusi se le faccio perdere del tempo, ma vorrei da lei un'informazione il più precisa possibile, riguardante la domenica 16 settembre, il giorno in cui è stato commesso il delitto all'esterno della stazione.»

«Ricordo perfettamente, commissario. Brutta faccenda, cose mai viste da queste parti. Se posso fare qualcosa, io...»

«Niente di straordinario, signor Delle Piane. Come lei sa la vittima era appena scesa dal treno. Vede, ho consultato l'orario ferroviario e vorrei solo sapere se domenica 16 settembre il treno da Brignole delle 16.30 e quello da Ventimiglia delle 16.45 erano in orario.»

«Questo posso dirglielo senz'altro, ma ho bisogno di qualche minuto, per fortuna adesso non ho traffico in arrivo e posso consultare i miei registri. Vuole che la richiami?»

«No, aspetto in linea. Faccia con comodo.»

Maffei udì rumori, voci, un telefono che squillava, una sedia che veniva trascinata, l'eco dell'altoparlante, sul binario, che annunciava un ritardo.

«Pronto. È ancora lì, commissario?»

Maffei fece un sospiro e guardò di nuovo l'orologio. «Certo che sono qui.»

«Molto bene. Allora, domenica 16 settembre l'accelerato da Genova Brignole delle 16.30 è arrivato alle 16.35. Mentre il diretto da Ventimiglia delle 16.45 registrava sei minuti di ritardo ed è arrivato alle 16.51.»

«Ne è sicuro?»

«Certo che sono sicuro, commissario. Perché?»

«No, niente. Una semplice curiosità. La ringrazio moltissimo e le auguro una buona giornata.»

«Ci mancherebbe, commissario, se ha bisogno di altro sa dove trovarmi. E buona giornata anche a lei.»

Maffei prese un appunto veloce, poi si mise a riflettere, succhiando la cannuccia della Bic. Tuttavia la riflessione fu breve poiché, poco dopo, bussarono alla porta facendolo sobbalzare. Maffei aggrottò la fronte e guardò di nuovo l'orologio: erano le 10.30 in punto.

Bene.

Per fortuna una cosa era riuscito a farla in trent'anni di carriera: far capire ai suoi collaboratori che gli appuntamenti sono una cosa seria e lui non sopporta i ritardi ingiustificati.

«Avanti!»

Entrarono in fila indiana: Rosati, Busalacchi e Malvezzi. Spostarono alcune sedie e sedettero davanti alla scrivania del loro capo.

Maffei posò i gomiti sul piano di finta pelle verde, intrecciò le dita e fissò i tre con il solito sguardo bovino.

«Allora. Chi comincia?»

«Comincio io!» esordì di slancio il giovane Busalacchi. Ma subito dopo arrossì, rivolse un'occhiata imbarazzata al collega Malvezzi che lo osservava placido, a braccia conserte, con un lieve sorriso sulle labbra, e si corresse subito. «Iniziamo Malvezzi e io.»

«Sentiamo!»

Busalacchi tirò fuori il taccuino. «Dunque, capo, le informazioni che abbiamo al momento le abbiamo reperite dai vicini di casa del Piccardo Luigi...»

«E quindi?»

«E quindi aveva 38 anni e viveva in un appartamento del Comune che, a detta dei vicini, da quando è morta la madre, sette anni fa, è tutt'altro che ben tenuto e sicuramente di ordine e pulizia dubbi.»

«Parenti?»

«Una lontana cugina che non si vede mai. Dovremo rintracciarla.»

«Viveva solo?»

«Sì, solo. E non accettava che qualcuno entrasse in casa. Abbiamo sentito anche l'amministratore e ci ha riferito che quando era necessario accedere per un guasto o una manutenzione era sempre un problema, perché il Piccardo in casa sua non ci voleva nessuno e non apriva la porta nemmeno se suonavano il campanello.»

«Scusate, ma come fanno i vicini a sapere che l'appartamento è sporco e mal tenuto se lui non faceva entrare nessuno?»

Intervenne Malvezzi. «Da quello che stendeva alla finestra, ad esempio. Una volta ha messo fuori un tappeto talmente lercio che i vicini gli hanno fatto dire dall'amministratore che se non lo ritirava avrebbero chiamato l'Istituto di igiene. Poi dicono che quando apriva la porta ne veniva cattivo odore; infine, qualche volta, l'amministratore è riuscito a entrare con gli operai perché c'era una condotta di scarico che perdeva, nel bagno. Dice che i pavimenti non dovevano essere lavati da anni, che c'era una gabbia di canarini puzzolente, il bagno era in condizioni indicibili e in casa c'erano dovunque cumuli di migliaia di fumetti, coperti dalla polvere dei secoli.»

«Uhm. Bisognerà pensare ai canarini, allora», fece Maffei.

«I canarini?»

«Eh, be', mica si possono lasciare morire d'inedia, no?»

I tre si scambiarono un'occhiata stupita. Sembrava impossibile che al commissario, per prima cosa, venissero in mente i canarini orfani di padre.

«Ehm, ce ne occuperemo senz'altro appena possibile», disse Busalacchi perplesso.

«Come campava?» chiese Maffei.

«La madre gli deve aver lasciato qualche soldo, almeno così dicono. La povera donna era malata di cuore ed era molto preoccupata per il figlio perché anche lui era di salute cagionevole. Il Piccardo era mezzo tocco, insomma, un po' ritardato fin da bambino, e viveva in un mondo tutto suo, fatto di fumetti e di film. Dopo la morte della madre, l'unico cambiamento in casa, pare, è stato l'acquisto di un televisore, dove guardava i film e gli sceneggiati a tutto volume, tanto che i vicini più di una volta hanno protestato. Andava spesso al cinema e gli piacevano i film di avventura e i polizieschi. È stato facile saperlo perché di questi film ne parlava con tutti, era una specie di fissazione. Per il resto faceva qualche lavoretto, alcune commissioni. Consegnava pacchi a domicilio, oppure sbrigava faccende per i bottegai, come andare in posta a pagare le bollette. Lo chiamavano *Luigin o nescio*, lo svitato. Era molto conosciuto nella delegazione, dove sostava sempre in piazza Baracca, accanto all'edicola o al capolinea delle corriere Traverso, in attesa di ingaggio. Faceva consegne specialmente nei dintorni di Sestri.»

«Beveva? Aveva precedenti violenti?»

«Assolutamente no, capo. Sembra fosse innocuo, mansueto come un agnellino, di buon carattere, anche se molto timido e un po' ritroso con chi non conosceva, però evidentemente, sotto sotto...»

«Donne?»

«Niente che sia emerso finora. Ma non sembra il tipo. Chi lo ha conosciuto lo descrive come un bambinone e pare che se una donna gli faceva un complimento o una battuta, lui arrossisse come un gambero e si ritirasse in un angolo.»

«Uhm!» fece Maffei, perplesso. «Un bambinone timido, che arrossisce se una donna gli fa un complimento, e... innocuo. Così innocuo che un bel giorno, a 38 anni, magari di donna ne strozza una con le sue mani. Mah! Va' a sapere cosa gli si è accumulato nella testa per arrivare a una simile conclusione.»

Intervenne di nuovo Malvezzi. «Dovremo procedere alla perquisizione dell'alloggio, ma ci vuole il mandato del giudice. Al momento abbiamo messo i sigilli e un agente di guardia nelle scale. Sarebbe meglio, se...»

Maffei non fece discorsi: alzò il microfono e chiamò il giudice Repetto. «Bene. Avremo il mandato in mezz'ora, dopodiché forzerete la porta e procederete.»

«Può essere che non ce ne sia bisogno», rispose Malvezzi. «È probabile che nelle tasche del morto si trovino le chiavi, chiamerò l'Istituto di medicina legale alla fine della riunione. Noi abbiamo sfilato solo il portafoglio.»

«Uhm! C'è altro?»

Malvezzi e Busalacchi si guardarono. «Per ora no, capo.»

«Bene. Io e Rosati invece non abbiamo niente di interessante da dire, perché abbiamo aspettato l'arrivo del giudice e della Procura e abbiamo seguito le solite operazioni di routine sulla scena del crimine. Niente che non sappiate già.»

Maffei fece uno sbadiglio e accese una sigaretta. «Però, a questo punto, una riflessione ci tocca farla – ed è quello che ho appena detto al giudice Repetto – se Luigi Piccardo è l'assassino di Rosa Meneghelli, come testimoniano Marcenaro e i Tagliafico, in pratica, dobbiamo ricominciare daccapo. Bisogna innanzitutto stabilire un eventuale legame con la Meneghelli, ma, soprattutto, visto che Piccardo è stato fatto fuori, è evidente che il mandante del delitto era un altro e che quest'altro gli ha chiuso la bocca. Non c'è altra spiegazione. Perciò torniamo all'ipotesi del delitto su commissione, anche se il sicario è ben strano. Poi qualcosa deve essere andato storto fra mandante ed esecutore e così...»

«Un vero guazzabuglio», commentò Rosati chiudendo il taccuino sul quale aveva preso appunti. «Sembra proprio che qualcuno si sia servito di questo mezzo scemo per far fuori la Meneghelli, ma è difficile capire come abbia fatto a convincerlo, visto che non era certo un killer o un malfattore di professione.»

Maffei sospirò. «Già. Uno squilibrato. Resta il fatto che noi, adesso, abbiamo un pugno di mosche in mano e la storia si è ulteriormente complicata. L'unico vantaggio che ce ne viene, al momento, è che Marcenaro d'ora in poi è fuori pericolo, può stare tranquillo. Il Piccardo lo minacciava e gli si era messo alle costole perché lui lo aveva visto commettere l'omicidio. A questo punto, però, direi che possiamo togliergli la protezione: il mandante non ha alcun interesse a tappare la bocca anche a lui, ora che Piccardo è sparito dalla scena. Anzi, probabilmente uno dei motivi per cui è stato fatto fuori è proprio che si è lasciato sorprendere da Marcenaro mentre commetteva il delitto. Un errore madornale! La faccenda è finita su tutti i giornali, insieme all'identikit. Quindi, prima o poi, il Piccardo lo avremmo pizzicato. Un rischio che il mandante non poteva correre.»

«Ci avevo pensato anch'io», disse Rosati. «Una domanda, capo, tanto per dire: come mai Piccardo non ha fatto fuori subito Marcenaro e perdeva tempo a mandargli lettere anonime?»

Il commissario alzò le spalle. «Mah. Vattelappesca, difficile indovinare cosa intendesse fare.» Maffei all'improvviso si lasciò andare al suo tono svagato, quello che assumeva quando sbrigliava la fantasia e si lasciava prendere dalle congetture più ardite. «Però possiamo sempre provarci, anche se finiamo nel campo delle supposizioni, delle interpretazioni personali. A me, ad esempio, vista la personalità del Piccardo che emerge dalle prime testimonianze, è venuta l'idea che non intendesse affatto far fuori il Marcenaro, ma anzi, che lo considerasse uno spettatore prezioso del suo atto, uno che condivideva la sua mirabolante avventura e forse avrebbe dovuto persino ammirarlo.»

«E quindi?» azzardò Malvezzi.

«Bella domanda. Magari intendeva addirittura comprare il suo silenzio, farne una sorta di complice silenzioso. Chissà quanto doveva ricevere come compenso per l'omicidio.» Maffei rivolse lo sguardo al soffitto, a conferma che il mondo fantastico aveva preso il dominio su quello razionale. «In fondo, vedete, è quello che capita ai vecchi. Quando tutti quelli che hanno condiviso con loro la vita – magari la prima guerra mondiale, magari gesta eroiche – sono morti, ebbene, per loro è come se quei gesti svanissero, perché nessuno più può condividerli per davvero o testimoniarli. A quel punto gli altri possono solo *ascoltare*, ma siccome non c'erano non possono *rivivere insieme*. E forse il mezzo scemo trovava in Marcenaro proprio questo aspetto: era l'unico con il quale condividere la grandezza del suo gesto, il più eclatante della sua vita.» Maffei fece un debole breve sorriso prima di proseguire. «E sicuramente un simile modo di agire non stava bene al mandante. Troppo ingenuo e troppo imprevedibile, il Piccardo, difficilmente gestibile. Perciò l'unica era levarlo di mezzo. Caso mai c'è da meravigliarsi di come il mandante si sia affidato a un personaggio del genere. Ma chissà... magari lo ha scelto proprio perché era scemo e, all'inizio, avrà pensato di poterlo manipolare con facilità. Forse, fin dal principio, aveva in testa di farlo fuori subito dopo che aveva svolto il suo compito. Povero cristo!»

«Già», concluse Busalacchi. «Una mina vagante. Dopotutto ha fatto una brutta fine. Capo, lei pensa che avesse appuntamento col mandante per riscuotere?»

«Tutto è possibile.»

A quel punto Maffei, come d'abitudine, prese a scrivere in bell'ordine, sull'agenda, l'elenco delle cose da fare. «Dunque. Cerchiamo di scoprire quanto più possibile su Luigi Piccardo e riprendiamo daccapo le indagini sulla Meneghelli per vedere se c'è un punto di contatto tra i due. Ma credo che troveremo ben poco. Se le cose stanno come sembrano è un'altra la persona che aveva una buona ragione per far fuori la Meneghelli e ha convinto il Piccardo a occuparsene.»

Maffei si sfregò le mani e avvolse i tre ispettori con il suo sguardo inespressivo. «Al lavoro, ragazzi! Ah! Setacciate i cinema di Sestri. Portatevi una foto e interrogate le maschere. Voglio sapere se andava da solo, se parlava con qualcuno... cose del genere.»

«Signorsì, capo», rispose Rosati efficientissimo. «Se non sbaglio a Sestri di cinema ce ne sono ben sette: lo Splendor, il Verdi, il Roma, l'Italia, il Vittoria, quello parrocchiale di San Giovanni Battista e quello estivo, La Perla, all'aperto. Lo so perché mio fratello e mia cognata abitano là.»

«Bene. Voglio un rapporto tra ventiquattro ore, ma chiamatemi in qualunque momento, in caso di novità. Andate!»

I tre si alzarono e uscirono ma, prima che la porta si chiudesse, a Maffei dal corridoio giunse un mugugno. «Fa presto lui... ventiquattro ore! E noi adesso da dove cominciamo?»

Maffei spense la sigaretta e accennò un sorrisetto divertito. Lui, nel frattempo, una cosa da fare l'aveva: si sarebbe rimesso a riflettere, in santa pace. Intrecciò le mani sullo stomaco, appoggiò la schiena alla poltrona e chiuse gli occhi con l'espressione beata, come se si apprestasse a fare un pisolino.

Capitolo 22

Lunedì 1° ottobre, ore 16

«Ecco, cara. Già che c'è un po' di sole ci mettiamo una mezz'ora in giardino.»

Tarcisio Marcenaro, un po' curvo, con il suo sorriso rassegnato stampato sulla faccia, prese a spingere la carrozzina della moglie verso la porta-finestra che affacciava sul giardinetto, e la fece scendere sull'apposito scivolo. «Vedrai come si sta bene fuori.»

«Io voglio andare a Triora, dai miei fratelli», bofonchiò la donna con aria scontrosa.

«E come no? Rieccola con la storia di Triora», sussurrò tra sé Marcenaro, e fece un sospiro, ma alzò gli occhi al cielo e rispose, gentile come sempre. «Non ti preoccupare. A Triora ci andiamo domani, cara.»

«Siamo sicuri?»

«Sì, cara, domani.»

Quel pomeriggio sul monte Gazzo il sole di ottobre disegnava ombre lunghe, simili a grandi onde, che dalla cima scendevano verso valle seguendo la linea delle cave di calcina, illuminate da una luce dorata. Quel solicello pallido si era spalmato all'improvviso sulle case di Sestri, mentre una brezza leggera accarezzava i vicoli e le piazze, facendo rialzare i baveri ai passanti. «C'è il sole ma il fondo dell'aria è freddo», dicevano i vecchi nelle giornate come quella.

Una giornata calma, serena.

Tarcisio – in maniche di camicia e bretelle – aveva preparato il pranzo, aiutato la moglie a mangiare, sparecchiato, lavato i piatti e rimesso la cucina in ordine.

Dopodiché la moglie si era assopita chinando il mento sul petto e lui, con gli occhiali sul naso, si era seduto sul divano a leggere il giornale. Ma, ben presto, anche lui aveva finito per appisolarsi, con il giornale spiegato sul petto, gli occhiali storti e la bocca aperta.

Ora, dopo essersi svegliato di soprassalto con uno sgradevole retrogusto in bocca e aver sistemato la moglie in giardino, aveva preparato due limonate e aveva porto il bicchiere alla moglie. «Ecco, cara. Bevi la limonata che ti fa bene.»

«Non la voglio, la limonata! Voglio un bicchiere di marsala!»

«Il marsala no, cara, non si può. Bevi la limonata.»

Ci manca solo il marsala, pensò Tarcisio.

Sedette sulla sedia di ferro e accavallò le gambe, prendendo a sorseggiare a sua volta la bibita.

Sotto il nespolo c'era una grande quiete, i rumori della strada arrivavano attutiti. Tarcisio, attraverso le sbarre della cancellata, sbirciò nel giardinetto accanto: la signora Rossi non si vedeva, la porta della cucina, alla sommità di quattro scalini, era chiusa. Meglio così, se ne sarebbe stato un po' tranquillo nel suo angolo a godersi il sole autunnale, senza doversi destreggiare in cortesi chiacchiere di buon vicinato. La signora Rossi, oltre tutto, diceva sempre le stesse cose e, qualunque fosse l'argomento, finiva ogni volta per ricondurlo ai suoi due nipoti come se fossero l'unico vero capolavoro apparso sulla faccia della terra: un capolavoro messo in atto dal figlio maschio.

Quella mania dei vecchi di divinizzare figli e nipoti lo urtava sempre alquanto. Lui non aveva mai divinizzato nessuno e non se ne era mai pentito: era sempre stato un pragmatico, uno che non si faceva vane illusioni sul prossimo e sapeva benissimo che gli esseri umani erano quel che erano, e non si poteva spremere sangue dalle rape. Insomma, non si aspettava nulla di speciale, da nessuno, e ogni cosa, ogni fase della sua vita, l'aveva orchestrata, predisposta e sistemata da sé, senza l'aiuto di chicchessia. Se non avesse fatto così, con quel che gli era capitato tra capo e collo, con la storia della moglie e tutto il resto... chissà dove sarebbe finito a quell'ora. Invece poteva essere soddisfatto di sé e continuare a vivere una vita tranquilla e organizzata, nonostante tutto, nonostante quella donna da accudire minuto dopo minuto come un neonato. In quanti sarebbero stati capaci di sopportare ciò che lui si accollava ogni giorno e restare ugualmente sereni?

Lasciò andare un sospiro, mentre la moglie, con lunghe succhiate ritmiche nella cannuccia, vuotava diligentemente il bicchiere.

Ci mancava giusto la storia della Meneghelli a turbare ogni cosa!

Tarcisio faceva una certa fatica a convincersi che i suoi problemi erano ormai finiti, ma doveva essere così per forza. La morte di quello psicopatico... come si chiamava? Ah, sì, Luigino Piccardo, avevano detto i giornali. Ebbene, la sua morte aveva tagliato la testa al toro: l'uomo dall'impermeabile scuro, che era entrato come un turbine nella sua esistenza quella maledetta domenica, non c'era più. Finito. E questa era una cosa buona, perché gli toglieva un bel tarlo dal capo.

Quanto lo aveva preoccupato e spaventato, quell'uomo! Le lettere anonime e minacciose, il tentativo di abbordaggio in via D'Andrade, il poliziotto che lo inseguiva invano nei vicoli. Quella volta se l'era vista davvero brutta, soltanto per un pelo si era evitato l'irreparabile. Una cosa del tutto inaspettata.

Quanto lo aveva ossessionato, in seguito, lo sguardo esaltato dell'uomo che gli appariva nel dormiveglia e lo fissava da sotto la tesa del cappello. Un'immagine che gli si presentava di continuo e gli aveva tolto il sonno per giorni.

Ma adesso poteva starsene tranquillo: l'uomo era morto e lui non aveva più nulla da temere. Il resto era affare della Polizia e di quel commissario Maffei dall'aria distratta che, a suo vedere, distratto non era per niente.

Lui, invece, avrebbe dovuto semplicemente mettersi il cuore

in pace e ritrovare la perduta tranquillità, riprendere la vita quieta e ordinata di prima, senza più paura.

Fece un altro sospiro, questa volta di sollievo, e posò il bicchiere sul tavolinetto. Gli occhi azzurri si rivolsero in alto e il viso si distese in un sorriso, come se lo sguardo intravvedesse un orizzonte di nuovo limpido e tranquillizzante.

Nello stesso istante dall'interno dell'appartamento giunse il trillo del campanello.

Tarcisio aggrottò la fronte e guardò l'orologio con aria preoccupata. Le quattro e venti. Chi poteva mai essere a quell'ora? Nessuno suonava alla sua porta a parte la signora Rossi o il postino per consegnare una raccomandata, ed entrambi non si presentavano mai a quell'ora insolita del pomeriggio.

Tarcisio raggiunse l'ingresso, mise la mano sul pomo della porta e scandì con voce stentorea: «Chi è?»

Dall'altra parte del battente la risposta fu immediata, formulata con voce trattenuta. «Sono il commissario Maffei.»

«Ah, è lei!»

Tarcisio Marcenaro spianò immediatamente la fronte, assunse la solita espressione serena, tolse il catenaccio e spalancò la porta con il suo consueto, timido sorriso. «Ma che sorpresa! Venga, commissario, si accomodi.»

Maffei varcò la soglia, tolse il cappello e se lo rigirò tra le mani borbottando. «Passavo di qua e così mi sono detto... magari il signor Marcenaro è in casa...»

«E si capisce che sono in casa!» Marcenaro ammiccò verso l'interno dell'appartamento. «Dove vuole che vada, combinato come sono? Si accomodi.» Quindi gli fece strada in salotto, Maffei sedette sul divano e Marcenaro di fronte a lui. «In cosa posso esserle utile, commissario?»

Un urlo sinistro proveniente dal giardino fece sussultare Maffei.

«Chi c'è? Tarcisio!»

Marcenaro sospirò. «Ecco. È mia moglie. Se sente che in casa c'è qualcuno protesta. Non vuole essere lasciata sola. È gelosa. Le spiace se andiamo in giardino?»

I due uomini si alzarono e uscirono dalla porta-finestra.

«Eccomi, cara», disse Tarcisio con infinita pazienza. «Eccomi qua.»

«Chi è quello?» chiese la moglie con voce scontrosa, fissando su Maffei lo sguardo torvo.

«È il commissario.»

«Mi porta a Triora?»

«No, cara, a Triora ci andiamo domani.»

Marcenaro si rivolse sottovoce a Maffei. «Non ci faccia caso, commissario, è una fissazione.»

«Perché vuole andare a Triora, signora?» chiese gentilmente Maffei, con il tono con cui si parla a un bambino.

«Perché là ci sono i miei fratelli e io devo pensare a loro. Siamo rimasti orfani e se non ci penso io... Abitiamo di fianco alla chiesa.»

Marcenaro intervenne ancora. «Avevamo una casa in campagna, vicino alla chiesa, ma era a Urbe, nell'entroterra di Savona, non a Triora.»

Maffei sorrise. «Quanti fratelli ha a Triora, signora?»

«Due, piccoli. E se non stiro i camiciotti che mi danno da lavare non si mangia.» La donna assunse un'espressione astuta. «Lo sa, lei, quanti camiciotti ho ancora da stirare io, di là, in camera?»

«Suvvia, cara, lascia in pace il signor commissario.»

Marcenaro si picchiettò la tempia ammiccando e Maffei sorrise ancora, bonario.

«Dicevo, commissario, come posso esserle utile?»

Maffei lasciò vagare lo sguardo assente nel giardinetto: un rettangolo con i lati lunghi delimitati da due palazzi contigui, confinante da un lato con il giardinetto identico della signora Rossi e dall'altro con la strada.

«Un bel giardino», fece Maffei, guardando con aria sorniona il nespolo e i vasi di ortensie.

«È un gran vantaggio, soprattutto per mia moglie», rispose

Marcenaro. «Del resto, lei capisce, con Antonietta in queste condizioni, abitare al piano terreno è il minimo e il giardino ci permette di prendere un po' d'aria anche senza uscire di casa.»

Maffei annuì e sedette su una delle sedie di ferro. «Dunque, signor Marcenaro. Sono venuto per informarla che le toglieremo la sorveglianza. Sappia che non ci sarà più un agente di notte a sorvegliare la sua casa e che di giorno nessuno la terrà più d'occhio quando va a fare la spesa, né la sera per la passeggiata. Insomma, diciamo che, in un certo senso, lei torna a essere un uomo libero. A seguito dell'omicidio di Luigi Piccardo credo che lei non corra più alcun rischio.»

Marcenaro, con un gesto automatico, sistemò lo scialletto attorno al collo della moglie. «È proprio quello a cui stavo pensando un attimo prima che lei suonasse il campanello. Io ho assistito all'omicidio e quell'uomo ce l'aveva con me per questo. Ma adesso è morto e io non posso più accusare nessuno, non sapendo altro a parte quello che ho visto per caso in quella maledetta domenica pomeriggio.»

«Deve essere stato un brutto periodo, per lei.»

Marcenaro si strinse nelle spalle. «Oh, sì, eccome! Se solo avessi potuto me ne sarei andato, avrei messo tanti chilometri tra me e Sestri.» Lanciò un'occhiata alla moglie. «Ma, combinato come sono, come avrei fatto? Dove sarei potuto andare? E mi creda, commissario, questa storia mi aveva levato il sonno. Avevo paura ogni volta che uscivo di casa.»

«Eh, lo credo.»

Maffei lo fissò per un attimo col suo sguardo vago, poi si alzò. «Allora siamo d'accordo, signor Marcenaro. Volevo solo avvisarla, per correttezza.»

«La ringrazio.»

Il commissario entrò in casa e proseguì verso la porta d'ingresso. Mise la mano sul pomolo ma non aprì, si voltò come se si fosse ricordato di qualcosa all'improvviso.

«A proposito, ho dimenticato di chiederle un'informazione. Quando lei è arrivato al binario 1, il giorno del delitto, il treno da Ventimiglia era già arrivato, oppure stava arrivando?»

Tarcisio Marcenaro inarcò le sopracciglia e spalancò gli occhi azzurri in un'espressione di stupore. Poi aggrottò la fronte nello sforzo di ricordare. «Mah. Francamente non ricordo. C'era molta gente ed è passato del tempo. Non mi ricordo di questo particolare. Perché me lo domanda?»

Maffei sospirò. «Così, niente di importante, ma ci sono diverse possibilità. Io mi domando se l'assassino è sceso da quel treno, se è sceso dal treno sul quale viaggiava lei, oppure se era in stazione ad aspettare la vittima, o ancora se l'aspettava all'esterno della stazione. Non riesco a venirne a capo.»

«Ma l'assassino era di Sestri, adesso si sa, e dunque la cosa più probabile è che aspettasse la vittima in stazione. Anzi, io credo proprio che sia uscito dal gabinetto che c'è nel casotto della pesa pubblica. Dunque, secondo me, l'aspettava.»

«Può essere, ma non è detto. Speravo che lei, ripensandoci, magari ricordasse se lo aveva visto tra la folla.»

«No, non l'ho notato. Del resto non avrei avuto alcun motivo per notarlo. Come le ho detto, l'ho visto solo al momento del delitto e, dopo averci tanto pensato, credo che davanti a me non camminasse nessuno, oltre alla donna. Pensi che sono perfino tornato sul posto per ricostruire più chiaramente la scena.»

«Lo so.»

Maffei assunse un'espressione pensosa. «Ma non ricorda, ad esempio, se quando lei è emerso dal sottopasso e si è ritrovato al binario 1 la campanella suonava, oppure se ha sentito lo stridore dei freni mentre il treno di Ventimiglia si fermava? Gli sportelli sbattere... Ci pensi. Non ricorda di aver visto la Meneghelli sulla banchina? Sa, mi è venuto in mente che la donna potrebbe anche non essere scesa proprio da quel treno. Noi le abbiamo trovato il biglietto in borsetta e lo abbiamo dato per scontato, ma il biglietto dice solo che arrivava da Savona, può anche darsi che sia arrivata col treno prima e si trovasse già in stazione, che aspettasse qualcuno col quale aveva appuntamento.»

Marcenaro si concentrò di nuovo. «No, commissario, non mi ricordo proprio.»

«Capisco. Peccato», Maffei alzò le spalle. «Non importa. Era un'idea come un'altra.»

«Mi rincresce, commissario, ma non riesco proprio ad aiutarla.»

Maffei mise il cappello e tese la mano a Marcenaro. «Grazie comunque. E se per caso le venisse in mente qualche altro particolare, non esiti a farmelo sapere.»

«Non dubiti, commissario.»

Tarcisio chiuse la porta e restò un attimo pensieroso.

Il treno da Ventimiglia! Se era già arrivato oppure no? Se la donna era sul marciapiede ad aspettare il treno?

Che razza di domanda!

Scosse la testa, perplesso.

Un urlo acuto arrivò dal giardino.

«Eccomi, cara, arrivo subito!»

Il commissario Maffei si incamminò lentamente sul marciapiede, dopo aver alzato il bavero del soprabito. Incongruamente cercava di ricordare dove fosse di preciso Triora, il paese delle streghe e del pane cotto su tavole di legno cosparse di crusca, e concluse che non c'era mai stato. Doveva essere un bel posto, dove si mangia bene, come tutti i paesi dell'entroterra ligure.

Chissà, magari una domenica avrebbe potuto farci una gita, con sua moglie.

Capitolo 23

Lunedì 1° ottobre, ore 19.30

Dalle finestre al quarto piano della Questura a Maffei sembrava di guardare il paesaggio dal finestrino di un aereo: le luci brillavano in basso, le insegne si accendevano a intermittenza e una nave, tutta illuminata, scivolava sull'acqua calma e nera all'ingresso del porto. Una pioggerellina sottile, impalpabile, quasi acqua vaporizzata, si era messa a infradiciare ogni cosa. Niente vento, solo un fiato di brezza leggera.

Come spesso accade in Liguria il tempo era di nuovo cambiato all'improvviso, e adesso, mentre le ombre della sera avvolgevano il viale Delle Brigate Partigiane, l'atmosfera che si respirava, quel refolo di brezza divenuto freddo che accarezzava le case, la luce dei fari che striava l'asfalto bagnato, le carrozzerie lucide delle automobili sulle quali lampeggiavano riflessi passeggeri stendevano sulla città un velo di malinconia struggente, quasi un anticipo dell'atmosfera natalizia che si respira nel mese di dicembre.

Invece era solo l'inizio di ottobre, ma qualcosa non andava.

Al commissario capitava talvolta di sentirsi, nel corso di un'inchiesta, come uno che cova un malanno, una brutta influenza.

Un malessere generale non facilmente identificabile, che non si presentava con sintomi precisi, e tuttavia, per certi versi, era invalidante.

Una condizione che Maffei non riusciva a condividere, proprio perché non avrebbe saputo descrivere quel malessere, quel non stare bene da nessuna parte e quel bisogno di muoversi in continuazione, di passeggiare per la stanza in lungo e in largo, soffermandosi a guardare fuori della finestra senza osservare nulla in particolare, spostando gli oggetti a casaccio, senza motivo, per poi rimetterli al loro posto.

Eppure, ogni volta, la causa aveva sempre la stessa origine: un'intuizione bizzarra e improvvisa, che scaturiva da un semplice piccolo dettaglio insignificante, un particolare stonato senza una apparente spiegazione.

Quante volte gli era capitato!

«E se per caso fosse successo che...»

Ogni volta l'idea gli appariva talmente assurda e priva di fondamento da non poterla confidare neppure ai suoi più stretti e fidati collaboratori. Per non parlare della moglie – sempre ancorata con i piedi alla terra e restia a qualunque volo pindarico – la quale bollava regolarmente certe elucubrazioni del marito come «solite fissazioni malate che fanno dare i numeri».

Tuttavia più di una volta, partendo da quelle *fissazioni malate*, aveva finito per risolvere casi ingarbugliati e a prima vista senza via d'uscita, solo seguendo un intuitivo filo luminoso in apparente contrasto con ogni evidenza investigativa. E, proprio come in caso di malattia incipiente, in quei momenti il commissario si chiudeva in se stesso, diventava scorbutico, scontroso, di poche parole, capriccioso e incomprensibile agli occhi dei suoi stessi uomini, proprio perché ciò che gli si era affacciato alla mente e aveva preso a ribollirgli nel cervello non aveva la minima attinenza con gli elementi in suo possesso e, ugualmente, non lo lasciava in pace.

La domanda in questi casi diventava ricorrente e assumeva le caratteristiche di una vera ossessione: a volte si svegliava di soprassalto in piena notte e se la ritrovava a rimbombargli nel cervello come il frastuono di un maglio.

Perché ha fatto bruciare la caffettiera? A che può giovare negare di essersi affacciato alla finestra? Perché il cappello era posato in cucina anziché nell'ingresso? Dov'è finito il bottone che manca alla giacca della vittima? Perché affermare che pioveva mentre ha cominciato a piovere solo mezz'ora dopo?

Questioni banali, piccole contraddizioni di per sé senza importanza, dalle quali, però, emergeva un'incongruenza, un'idea che, una volta nata, si sviluppava e lo metteva in uno stato di inquietudine, insinuandogli nella zucca il germe del sospetto.

Anche stavolta era accaduto, all'improvviso.

Quella stessa mattina si era appoggiato allo schienale della poltrona, aveva incrociato le mani sullo stomaco e aveva chiuso gli occhi e, mentre i suoi uomini si erano sparsi in giro per la città a caccia di informazioni e indizi, lui si era semplicemente messo a riflettere in santa pace.

Ed era successo.

Aveva ripercorso l'analisi tentata poco prima circa la personalità di Piccardo e le motivazioni che lo avevano spinto ad agire in quel modo nei confronti di Marcenaro. Poi aveva ripensato al rapporto con Rosa Meneghelli, e ai rapporti, per ora imperscrutabili, tra Piccardo e il mandante del delitto, cioè il suo stesso assassino. E li aveva rimescolati, scombussolati un'altra volta, come i numeri nel sacchetto della tombola.

Dopodiché, per puro spirito di contraddizione, aveva preso a osservare i fatti – gli elementi dell'indagine che ormai gli si erano stampati nel cervello – da un altro punto di vista ancora. Un punto di vista sghembo, apparentemente assurdo, il quale, non solo non era basato su alcun riscontro oggettivo, ma non gli dava alcun aiuto sul piano dell'inchiesta, anzi, gli smontava anche quei piccoli appigli, quei pochi fatti concreti sui quali poteva al momento contare. Così nulla aveva più senso, o meglio, poteva averne un altro, del tutto diverso.

Era come se con una manata avesse sgomberato la scrivania dalle scartoffie accumulate sino a quel momento e lui ricominciasse il ragionamento daccapo, dalla tabula rasa.

In quei casi lo assaliva una sorta di intimo pudore.

Anche stavolta – per il momento – avrebbe tenuto ogni considerazione per sé, tanto meno ne avrebbe parlato col giudice, ma avrebbe ugualmente fatto ciò che in quei casi faceva sempre: agire di testa sua, seguendo sotto traccia quell'indefinita idea che avrebbe potuto condurlo alla soluzione del caso, oppure a sbattere contro il muro.

I suoi uomini dicevano che il capo si era incaponito su una pulce. E quale fosse la pulce, di solito, lo capivano poi a cose fatte.

Alla faccia della coerenza e dello spirito di squadra che tanto raccomandava!

Ma come si fa – pensava Maffei, tormentato – a essere sempre coerenti?

Era ossessivo, se ne rendeva conto, tuttavia riprese il ragionamento daccapo: sempre lo stesso, come il rosario.

Tutto partiva dalla stazione di Sestri: una domenica pomeriggio di forte pioggia, due treni arrivavano a breve distanza. Gli ombrelli si aprivano, si scontravano, i passeggeri del binario 3 si accalcavano nel sottopasso, lo percorrevano, sbucavano sul binario 1, e si mischiavano a quelli in arrivo da Ventimiglia...

E l'uomo dall'impermeabile scuro dov'era? Cosa faceva?

Era al binario 1 ad aspettare la vittima, oppure no?

Aveva seguito la Meneghelli fuori della stazione, mentre Marcenaro li tallonava a ruota, oppure la aspettava rintanato nel gabinetto pubblico come sosteneva Marcenaro? Perché non si era accorto della presenza di Marcenaro?

La posizione, i passi, i gesti di Luigi Piccardo in quel breve arco di tempo erano cruciali. Una scena durata una manciata di minuti. Adesso lui era morto e al solitario si era aggiunta un'altra carta: il mandante del delitto Meneghelli, l'assassino di Piccardo. Dov'era questo misterioso personaggio in quel momento? Chi c'era sul binario 1 ad aspettare il treno? Cosa faceva la Meneghelli?

Pochi minuti dopo, fuori della stazione, i coniugi Tagliafico stavano passando in macchina e Marcenaro attraversava la strada di corsa, e così...

A quel punto tutto si era già compiuto. Occorreva riavvolgere il nastro e ricominciare.

Cosa c'era che non funzionava in quella immagine?
Maffei strinse le labbra e scosse il capo.
Ogni volta si trovava davanti il solito buco, la solita piccola incongruenza.
Una cosa da niente, che però non quadrava!
Perché?
Il commissario smise di andare avanti e indietro per la stanza, sedette alla scrivania, sospirò e trasse a sé il suo famoso taccuino nero, prese la Bic e restò immobile, con lo sguardo perso nel vuoto e la penna sollevata, per alcuni minuti. Poi, con la sua grafia precisa e regolare, si mise a scrivere alcuni appunti, accuratamente numerati: una serie di considerazioni, di domande, così come gli salivano alla mente in quei minuti.
E se la realtà sotto i suoi occhi fino a quel momento gli fosse apparsa falsata, come distorta da un gioco di specchi deformanti?
Cosa era accaduto, *veramente*?
Su un foglietto a parte, scrisse un meticoloso elenco delle cose da fare. Sapeva benissimo che quell'elenco, allo stato dei fatti, equivaleva a sparare a casaccio fuori della finestra sperando di colpire un rondone di passaggio, ma tant'è non riusciva a rinunciare al tentativo.
Fece spallucce, poi alzò il microfono dell'interfono e pigiò il tasto. «Rosati! Puoi fare un salto da me?»
L'ispettore entrò dopo pochi secondi, indossando un impeccabile abito di flanella grigia. «Eccomi, commissario.»
Maffei arricciò il naso e storse la bocca. «Be'? Ti sei fatto il bagno nella colonia, stamattina?»
«No, capo, ma me l'ha regalata mia moglie e così...»
«E così te ne sei messo un litro.»
Rosati sedette e accavallò le gambe.
Il commissario sembrava a disagio, esitante. Gli occhi vagavano senza sosta alle spalle dell'ispettore, come se cercassero qualcosa negli angoli della stanza. Una mano passava e ripassava sul cranio a lisciare i pochi capelli grigi, mentre l'altra tamburellava sul tavolo.

Rosati conosceva bene quei sintomi, ma non capiva a cosa fossero dovuti.

«Senti, Rosati, ci sarebbe da fare un bel lavoretto. Sei libero?»

«Si capisce, capo. Di che si tratta?»

«Probabilmente niente di serio. Ma lo sai, quando mi salta un grillo in testa...»

Rosati sorrise e strizzò un occhio. «Per quanto ne so io, quando le salta un grillo in testa, capita che ci sia da fare un gran lavoro.»

Maffei scrollò le spalle, come intimidito. «Non è detto. È che a volte mi vengono certe idee bislacche, dei dubbi, e non riesco a star tranquillo se non me li cavo dal capo. Me ne è appena venuta in mente una, di idea bislacca, che richiede qualche informazione supplementare. Insomma, si tratta di semplici curiosità che devo chiarire per concentrarmi meglio sul caso. E il caso in questione è l'omicidio di Rosa Meneghelli.»

«Lo immaginavo. Mi dica tutto, capo!»

Il commissario fece un mezzo sorriso e fissò Rosati con un'ombra di ironia. «Da quando in qua se devo farti fare qualcosa di importante te lo dico a voce?» Maffei tese il braccio sulla scrivania e gli porse il foglietto che aveva compilato poco prima.

Rosati lo prese, lo lesse e inarcò le sopracciglia, fissando sul commissario uno sguardo stupito. «Ma capo... è emerso qualcosa di nuovo che io non so?»

Maffei scosse la testa, si lisciò per l'ennesima volta il riporto di capelli grigi. «Ma no, Rosati, niente di nuovo. Te l'ho detto, mi è saltato un grillo in testa, un'idea campata in aria, ma è bene non trascurare nulla. Non si sa mai.»

«Va bene, capo, ma che idea le è venuta? Perché da quello che leggo qua mi verrebbe quasi da pensare che...»

Maffei lo interruppe brusco. «Ecco, Rosati. Cerca di non pensare troppo e metti insieme quelle quattro informazioni che ti chiedo. Visto che non sappiamo dove sbattere la testa, tanto vale che proviamo a cercare un po' in tutte le direzioni, a casaccio. E io vorrei saperne di più sul conto di Tarcisio Marcenaro e di sua moglie e pure sui coniugi Tagliafico. Una curiosità come un'altra.»

«Quindi devo interrogare di nuovo i Tagliafico?»

«Precisamente. Fatti ripetere parola per parola quel che è successo. C'è qualcosa che non mi torna e potrebbero aver omesso qualche particolare. E vedi di capire bene chi sono, da che ambiente vengono.»

«Signorsì. Ma, se mi posso permettere, su quali basi lei...»

«Ah, Rosati!» Maffei alzò la voce e abbatté una manata sulla scrivania. «Su nessuna base, per la miseria! Sennò avrei già capito tutto, invece non ho capito un bel niente e vado a tentoni. Ma è sempre meglio che stare qua con le mani in mano, no? Mettiamola così: mi è venuta la voglia di saperne di più, oltre che sulle vittime, anche sui testimoni coinvolti in questo caso. Ad esempio, i Marcenaro mi hanno incuriosito perché sono una coppia singolare. A te non sembrano una coppia singolare?»

«Sì, capo, ma...»

«E allora indaghiamo un po'. Tutto lì.»

Maffei sfogliò rabbiosamente le carte che aveva davanti e le rigettò sul tavolo. «È frustrante! Non c'è niente da dire sul conto della Meneghelli, né su quello dei Marcenaro o dei Tagliafico, niente da dire nemmeno sul conto di Luigino Piccardo. In questa faccenda sono tutte persone maledettamente normali, per bene, apparentemente senza segreti. Cionondimeno ci sono scappati ben due morti e questo è in contrasto con un idilliaco quadretto di persone qualunque, senza misteri né rancori, per la miseria!»

Maffei si calmò, come se una nuvola si fosse spostata dal sole, tornò a fare un mezzo sorriso e si picchiettò il dito sulla tempia. «Però, per adesso, non fare troppi discorsi in giro, teniamo la faccenda riservata. Le ciarle volano, caro mio, e io non vorrei che i tuoi colleghi, o peggio il giudice, si mettessero in zucca che sto andando via di testa. Hai capito? Perciò, al momento, di queste ricerche ne siamo al corrente io e te e basta.»

Rosati si ricompose, ritrovò la sua espressione neutra e la postura impeccabile. «Non dubiti, commissario, terrò tutto sotto riserbo.»

«Ecco, bravo. Adesso vai e mettiti al lavoro.» Maffei lanciò un'occhiata all'orologio a muro. «Sono le otto e mezzo. Io vado a casa. E... mi raccomando, fammi sapere qualcosa entro domani sera.» Si alzò, infilò il soprabito, si calcò il cappello in testa e uscì.

Rosati restò seduto con l'aria stupita spostando alternativamente lo sguardo dal foglietto alla porta chiusa. «Entro domani sera! Come no», mormorò sgomento.

PARTE QUARTA

Dove Maffei procede con i piedi di piombo,
e le indagini subiscono una svolta inaspettata.

Capitolo 24

Martedì 2 ottobre, ore 9

Quel mattino si era alzato il vento di ponente, che increspava il mare in milioni di piccole creste di schiuma bianca, aveva smesso di piovere e da alcuni minuti un bel sole faceva capolino attraverso un ampio squarcio di sereno che si spalancava su Sestri e, da quel buco azzurro circondato da nuvole alte e dense, bianche e bigie, pioveva sui tetti d'ardesia un fascio di raggi dorati e soprannaturali, degno di un mistico quadro barocco.

Tarcisio Marcenaro aveva sbrigato le solite faccende mattutine: aveva sistemato la moglie, preparato la colazione, rassettato la cucina, infine si era sbarbato e vestito di tutto punto.

Di lì a poco avrebbe suonato il campanello della signora Rossi, che si sarebbe fatta carico di tenere compagnia ad Antonietta per il tempo in cui lui sarebbe uscito a fare la spesa.

Non aveva il consueto aspetto sereno, però, perché quella appena trascorsa era stata una notte difficile: suo malgrado, si muoveva a scatti e aveva l'espressione corrucciata di chi è afflitto da una grave preoccupazione.

Evidentemente gli avvenimenti degli ultimi due giorni avevano lasciato il segno e lo avevano provato, anche se non se ne era reso conto, e lui, sempre perfettamente razionale e distaccato dalle cose ordinarie di questo povero mondo, si era lasciato prendere dall'ansia come un qualunque babbeo. Una reazione incontrollabile alle emozioni che aveva dovuto sopportare nel corso della giornata, a partire dall'identificazione del cadavere di quell'uomo, seguita dalla visita del commissario, che gli aveva annunciato la revoca della scorta. Emozioni che si erano sommate alle ansie dei giorni precedenti e avevano fatto traboccare il vaso.

Così, la sera, alle nove, si era sentito distrutto, con le palpebre pesanti di sonno. A cena aveva bevuto due bicchieri di vino anziché uno, d'accordo, ma non era quello. Era una sorta di spossatezza fisica che lo lasciava inerte e con la testa vuota, incapace di formulare qualsiasi pensiero e perfino di reggersi in piedi. Si era seduto sul divano e aveva preso il giornale del mattino, ma continuava ad appisolarsi ogni due righe di lettura. Perciò aveva deciso di tagliare la testa al toro e cedere a quella inusuale stanchezza che lo aveva afferrato.

Aveva detto alla moglie che era ora di andare a letto, anche se in realtà era presto, le aveva somministrato una razione di sonnifero più abbondante del solito, si era coricato e si era addormentato di colpo, come un sasso.

Poi, lentamente era riemerso dal sonno, era tornato allo stato cosciente con la piacevole sensazione di aver fatto una lunga e profonda dormita. Doveva essere l'alba.

Aveva acceso la luce, lanciato un'occhiata alla sveglia, e si era reso conto con fastidio che invece era solo mezzanotte meno un quarto: aveva dormito tre ore scarse e adesso era perfettamente sveglio, con gli occhi spalancati e senza la più piccola traccia di sonno. C'era da affrontare la notte e arrivare all'alba. Così aveva preso un libro e aveva tentato di leggere, invano.

Ansia. Era l'ansia che lo attanagliava e a tratti gli faceva battere il cuore in petto, accelerare il respiro. L'ansia notturna è la peggiore di tutte, giacché nella solitudine di una camera chiusa, nel silenzio della notte, i problemi e le paure ingigantiscono in maniera abnorme e qualunque difficoltà, anche minima, si trasforma in una montagna insormontabile, mentre la preoccupazione assume i contorni di una vera ossessione.

In quella condizione di stress nervoso il lavorio del cervello non si può arrestare, soltanto il sonno potrebbe portare sollievo, ma il sonno non arriva.

Così aveva finito per rimuginare su se stesso, per pensare alla sua vita, alla sua situazione, alla moglie e, soprattutto, al suo futuro.

Gli era presa una sorta di vertigine, come sull'orlo di un baratro, e si era detto che sarebbe dovuto andare avanti come aveva sempre fatto. Era l'unica soluzione.

Nella sua vita c'era un punto fermo, uno scritto che andava senz'altro rispettato, così come chi lo aveva stilato lo avrebbe scrupolosamente rispettato, sino alla fine. Era questo che lo tormentava, perché da quello scritto dipendeva la sua tranquillità. E l'unica cosa alla quale non avrebbe mai rinunciato era la sua tranquillità.

Eppure, forse per via dell'età che avanzava, non si sentiva più così capace, così sereno, così padrone di sé e sapeva bene che la forza, la determinazione e la serenità che sino a quel momento lo avevano accompagnato e sostenuto nelle diverse fasi della vita non sarebbero tornate integre e potenti come un tempo, come accade invece nella convalescenza dopo una malattia quando, piano piano, si ritorna a essere forti e saldi come prima.

No. Era la vecchiaia. Una vecchiaia da affrontare con l'enorme fardello di Antonietta sulle spalle, senza aver nessuno, senza poter contare su nessuno che lo aiutasse a portare il peso. Aveva pensato agli anni trascorsi, al matrimonio, al trasferimento da Savona a Genova, alle economie certosine che aveva compiuto per amministrare le spese e farsi bastare la pensione, solo quella, per vivere dignitosamente senza intaccare i risparmi che aveva messo da parte. Perché nella vita non si poteva mai sapere cosa sarebbe accaduto.

Lui pensava ad Antonietta, d'accordo, ma poi? Chi avrebbe pensato a lui? Cosa sarebbe accaduto, cosa gli sarebbe rimasto se Antonietta fosse morta?

La causa principale dell'insonnia e del suo elucubrare sul futuro, d'altra parte, era il commissario Maffei, con la sua visita del pomeriggio precedente.

Si rendeva conto che il malaugurato incidente nel quale era incappato avrebbe potuto produrre un riflesso, attirare l'attenzione su un'altra faccenda, lontana, seppellita sotto la polvere del tempo.

Il commissario gli aveva annunciato l'abolizione della scorta e poi gli aveva fatto una domanda strana, che a Tarcisio era sembrata quasi senza senso: se avesse notato l'uomo dall'impermeabile scuro oppure la Meneghelli sul marciapiede del binario 1 e se il treno da Ventimiglia era in arrivo o già arrivato quando lui era sbucato dal sottopasso.

Una domanda come un'altra, sembrava. Lui però ci aveva pensato e ripensato per tutta la notte. Adesso si rendeva conto di un fatto fondamentale, e il pensiero lo riempiva di orrore: quella storia non era affatto finita e lui era ancora in pericolo, esattamente come prima, anzi, forse ancor di più.

Possibile che quella vecchia faccenda lo avvinghiasse daccapo?

Niente da fare. Doveva farsi forza e reagire, andare avanti, proteggersi. Non poteva continuare a vivere nel dubbio in quel modo, giorno per giorno.

Avrebbe dovuto prendere una decisione e risolvere la faccenda in fretta, come aveva sempre fatto. Ci aveva pensato per tutta la notte, aveva fatto mille ipotesi, mille ragionamenti e infine era pervenuto a una conclusione, l'unica possibile, e doveva fare presto. Tuttavia, risolvere la situazione non era cosa che si potesse mettere in atto da un giorno all'altro. Essenziale era smuovere le acque subito e rimettersi in gioco. Un'altra volta. Chi ha tempo non aspetti tempo e Tarcisio Marcenaro adesso aveva paura, si sentiva l'acqua alla gola.

Alla fine era scivolato nel sonno senza neppure accorgersene, alla soglia dell'alba e, dopo meno di un'ora, era stato svegliato dalle urla di Antonietta che lo chiamava.

Adesso, mentre si annodava la sciarpa al collo per uscire, davanti allo specchio, non poteva fare a meno di notare l'aspetto stravolto e stanco che la notte insonne gli aveva lasciato: le palpebre gonfie e due belle borse violacee sotto gli occhi.

Pazienza.

Uscì sul pianerottolo e, prima di suonare il campanello della signora Rossi, aprì la cassetta per ritirare la posta del giorno.

Si ritrovò in mano una busta ordinaria indirizzata a lui: le lettere erano tracciate con una grafia incerta e tremolante, che ormai conosceva. Aggrottò la fronte, aprì la busta e dentro ci trovò un'altra lettera anonima, del tutto simile alle precedenti: «NON FARE IL FURBO. NON È FINITA QUI. MI FARÒ VIVO DI NUOVO AL PIÙ PRESTO».

Aggrottò la fronte.

«Ah! Era così, dunque.»

Appallottolò il foglio e se lo ficcò nella tasca del soprabito.

Suonò il campanello della signora Rossi e quando lei aprì la porta le sorrise col sorriso timido di sempre, gli occhi azzurri e ingenui spalancati.

Capitolo 25

Martedì 2 ottobre, ore 9

Il lunedì aveva visto ancora un tempo variabile, cangiante, che ogni mezz'ora passava dal sole a un cielo nuvoloso e plumbeo, per sgombrarsi poco dopo e ricoprirsi ancora di nuvole grigie e gonfie, sospinte dal vento di ponente.

Quel mattino, invece, si presentava nella bonaccia più assoluta, col cielo sgombro e un bel sole tiepido che prometteva una giornata mite e radiosa.

Il commissario Maffei era arrivato in ufficio tardi, per il suo solito: alle nove. Ed era di cattivo umore. Subito era stato chiamato per il rapporto giornaliero con il gran capo, durante il quale tutti i commissari riferiscono sugli sviluppi dei casi che stanno seguendo.

Maffei era rimasto rintanato nel suo angolo, in disparte, aveva parlato per ultimo e si era tenuto sul vago. Per il momento – aveva affermato con voce spenta – non c'erano piste concrete per l'omicidio di Luigi Piccardo avvenuto il giorno prima, salvo il fatto che, arrivati a quel punto, era chiaro che il mandante dell'omicidio della Meneghelli era un altro e il Piccardo era solo uno scagnozzo che aveva fatto il lavoro sporco e al quale avevano chiuso la bocca per sempre. Inoltre, non c'era alcuno sviluppo significativo sull'omicidio di Rosa Meneghelli. Ci stavano lavorando e le indagini sulla vittima per trovare un punto di contatto con Piccardo erano in corso, ma Maffei aveva scarse speranze che emergesse qualcosa di concreto perché probabilmente Piccardo non conosceva la vittima. Insomma, al momento nessuna ipotesi veniva trascurata. Fu tutto.

«Mi raccomando, commissario!» aveva replicato il vice questore. «La stampa... l'opinione pubblica, il questore... si aspettano risultati concreti a breve. Questo caso... lei mi capisce, vero?»

Maffei si diede una pacca sulle cosce e si alzò, sospirando. «Capisco benissimo. E faremo tutto il possibile, come sempre.»

Il resto della mattinata, però, la trascorse in uno stato simile a una specie di trance, apparentemente senza combinare nulla di buono.

Guidò lentamente, rimuginando i suoi pensieri, e si ritrovò a Sestri senza neppure rendersene conto.

Parcheggiò in via Catalani e girellò per la delegazione senza meta, con le mani in tasca e il cappello all'indietro, come a svolgere un lento pellegrinaggio nei luoghi di quello strano caso che gli era capitato tra capo e collo: la stazione ferroviaria, la pesa pubblica, la latrina maleodorante, i portici di via Biancheri, via D'Andrade, il Circolo della musica, le case tutte uguali di via Maroncelli dove viveva Luigino Piccardo, e i giardini di piazza Monte Santo dov'era morto. Infine, andò in via Andrea Costa e rimase per un po' a osservare con sguardo assente il portone del caseggiato dove viveva Tarcisio Marcenaro, e la cancellata del giardinetto che affacciava sulla strada. Fu tentato di suonare il campanello, ma poi lasciò perdere. Cosa avrebbe potuto dire?

Alzò le spalle e riprese a camminare a passi lenti e pesanti.

Lui un'idea l'aveva, ma era per l'appunto solo un'idea, mentre, per stringere i cordoni del sacco, ci voleva ben altro. Per questo passava le ore in quel modo, rimuginando e vagando senza meta, in attesa di qualche riscontro, anche minimo, che lo incoraggiasse a seguire l'esile traccia che aveva fiutato.

Eppure decise di non incaponirsi oltre su quei pensieri. Di non pensarci per un po'. E l'unico modo per distrarsi era quello di passare un'ora in compagnia. Guardò l'orologio: era quasi mezzogiorno. Entrò in un bar e bevve un caffè corretto alla grappa, poi si infilò nella cabina del telefono, inserì un gettone nell'apparecchio e compose un numero.

Rispose una voce metallica e poco cordiale. «Perito giudiziario Righetti!»

«Ciao, Rodolfo, sono Carlo.»

La voce di Righetti divenne subito cordiale. «Olà, Carlo! Qual buon vento?»

«Niente di speciale, sono in una mattinata di stanca. Senti, che ne dici se pranzassimo insieme?»

«Da Caterina la sporcacciona?»

«Da Caterina la sporcacciona.»

«Ci sto. A che ora?»

Maffei diede un'altra occhiata all'orologio. «Direi che potremmo vederci là all'una meno un quarto. Va bene?»

«Perfetto! A dopo, Carlo.»

Maffei e Righetti occupavano il solito tavolo d'angolo nel chiassoso locale di via Della Libertà dove, all'ora del pranzo, in un vociare confuso e un gran cozzare di stoviglie, immersi in un odore misto di fritto, minestrone e pesto, si ritrovavano poliziotti, funzionari, muratori, camionisti e ferrovieri. Più qualche cliente abituale, come il signore anziano che occupava ogni giorno lo stesso tavolo, davanti alla vetrina, sul conto del quale si vagheggiava che un tempo fosse un prefetto e avesse almeno cento anni.

I due amici avevano ordinato *il solito*: fritto misto di paranza, insalata e una bottiglia di Bianchetta.

«E allora come ti vanno le cose?» chiese Righetti col naso nel piatto, dopo aver chiacchierato per un po' del più e del meno.

«Così, così», rispose Maffei masticando con metodo. «È un caso complicato, questo, che si è come impantanato in un vicolo cieco, sbarrato da un muro.»

«Cioè?» chiese Righetti fissando il commissario con la bocca piena e gli occhietti astuti e curiosi dietro le lenti spesse.

Il proposito del commissario era quello di distrarsi, di staccare per un po' dal lavoro, tuttavia, poiché uno dei segreti del campare con un certo successo è saper convivere elegantemente con la propria incoerenza, finì per fare l'esatto contrario.

Sospirò, si asciugò la bocca col tovagliolo e bevve un sorso di vino, poi cominciò diligentemente a sciorinare tutto, con dovizia di particolari. Più che altro era uno sfogo.

D'altra parte, almeno inconsciamente, era per questo che aveva voluto pranzare con Righetti: sapeva che l'amico era una tomba, la discrezione fatta persona, e lui aveva bisogno di parlare, di manifestare i propri dubbi a qualcuno e, magari, di riceverne un commento disinteressato. Righetti era il personaggio giusto, l'unico col quale potesse lasciarsi andare a raccontare i risvolti di un caso e le sue idee in proposito, senza la paura di fare un passo falso, di essere male interpretato, oppure, peggio, di sentir raccontare il giorno dopo al distributore del caffè, in questura, ciò che aveva riferito, deformato dalle più fantasiose interpretazioni e commenti.

Con Rodolfo Righetti andava sul sicuro. Da trent'anni.

Quando Maffei giunse al dubbio che lo tormentava e alla conseguenza logica che ne poteva scaturire, il perito smise di masticare, alzò le sopracciglia e una fisarmonica di rughe gli si disegnò sulla fronte. Socchiuse gli occhietti vispi. «Orco pennello! Se fosse così sarebbe davvero una storia incredibile. Certo che...»

Maffei fece una smorfia. «Mio caro! Certo che... certo che è solo un'idea, che non ho spiegato neppure a Rosati. Gli faccio svolgere delle piccole ricerche sui testimoni, ma senza dirgli il vero motivo, cosa che non mi rende per niente orgoglioso.» Maffei si toccò una narice storcendo il naso e continuò. «Come ti dicevo, in questa storia c'è almeno una deposizione che non quadra. Roba da poco, ma la discrepanza è oggettiva e sappiamo bene che quando c'è un buco c'è anche un motivo per cui il buco esiste. E mi dà da pensare questa sorta di perfezione che traspare dai personaggi. Non so bene come spiegarti, è qualcosa che mi mette a disagio. A volte mi sembra di guardare una commedia. Ma quanto all'idea, intendiamoci, è come aver scritto il finale di un romanzo giallo senza conoscerne i presupposti, le motivazioni e le circostanze. Si fa per parlare.»

Righetti strizzò l'occhio. «Sì, certo. Eppure, restando ai fatti, effettivamente il buco c'è e quanto meno farai bene a sfrucugliarci dentro.»

«Bisognerebbe sapere esattamente cosa cercare, però, e per adesso sto procedendo in ogni direzione, sperando di imbattermi in qualcosa di utile, magari per caso.»

Righetti si protese sul tavolo. «Sì. Può anche essere che tu debba andare indietro nel tempo. Del resto non è sempre così? Per capire quello che succede oggi non è forse necessario capire cos'è successo ieri? Diceva Seneca: "In tre tempi si divide la vita: nel presente, passato e futuro. Di questi, il presente è breve, il futuro incerto, il passato sicuro".»

«Accidenti, Rodolfo! Adesso ti metti a fare il filosofo?»

Righetti scrollò il capo con fare modesto. «La filosofia l'hanno inventata i greci, mangiando capra arrostita in compagnia, la sera, e ubriacandosi di vinaccio troppo forte allungato con l'acqua. E una volta ciucchi era indispensabile per ciascuno convincere l'altro di qualcosa. Così è nata la filosofia.»

«Complimenti per la sintesi! Per fortuna noi ci scoliamo del vino migliore», sogghignò Maffei vuotando il bicchiere.

Righetti gli piantò gli occhi negli occhi. «Ricordati, Carlo, val sempre la pena di cercare la verità, costi quel che costi, anche quando lo stimolo è una semplice intuizione e per salire la montagna occorre affrontare cento tornanti.»

«Sì», fece Maffei pensieroso. «Ne sono convinto anch'io. Ma adesso è presto per trarre qualunque conclusione. Sai com'è, in un certo senso questi sono equilibrismi investigativi belli e buoni.»

«Già», rispose Righetti allegramente. «Si fa presto a fare un capitombolo. E per migliorarti l'equilibrio, a questo punto, io ti propongo una bella grappa.»

«Vada per la grappa!» esclamò Maffei, e scoppiò a ridere.

Capitolo 26

Martedì 2 ottobre, ore 21.30

Un bel dire, stare calmi!

Era dal giorno prima che ci ragionava e la conclusione alla quale giungeva era sempre la stessa: non era affatto tutto finito e lui si trovava ancora in stato di imminente pericolo.

Tarcisio Marcenaro aveva svestito Antonietta, l'aveva imbottita di sonnifero e l'aveva messa a letto. Dalla porta giungeva il lieve russare regolare della donna: per almeno tre ore non si sarebbe svegliata.

Il mattino era andato in banca e almeno una cosa, per adesso, l'aveva sistemata, dopodiché aveva fatto un giro in centro, nella zona di Pré. Era andato a trovare un vecchio orologiaio, una sua conoscenza, il quale lo aveva ascoltato attentamente e gli aveva risposto che si sarebbe informato e lo avrebbe richiamato se avesse trovato qualcuno che facesse al caso suo. Ma Tarcisio sapeva che le cose sarebbero andate per le lunghe e, ragionevolmente, per imboccare la via d'uscita definitiva, quella che intendeva lui, ci sarebbero voluti giorni e giorni, forse settimane.

E nel frattempo?

Nel frattempo avrebbe dovuto resistere, tenere a bada il pericolo che lo assediava da vicino, giorno dopo giorno, attimo dopo attimo, conviverci come con una grave malattia, tirare avanti sperando di giungere alla meta sano e salvo, senza ulteriori contrattempi.

Nonostante la macchina l'avesse ormai messa in moto, dunque, Tarcisio era tutt'altro che tranquillo. Viveva l'unica condizione emotiva in grado di destabilizzarlo sul serio, di fargli commettere qualche sciocchezza. Infatti non sopportava le situazioni in sospeso, le faccende irrisolte che avrebbero potuto colpirlo da un momento all'altro, causargli noie, e quella vecchia faccenda di noie avrebbe potuto causargliene molte. Eppure era ormai convinto che il momento della resa dei conti sarebbe arrivato presto, dunque lui avrebbe dovuto anticipare le mosse dell'avversario, prevederle, mettersi al riparo per tempo. E stavolta non poteva certo rivolgersi al commissario Maffei!

In fondo ormai si era quasi rassegnato. In cuor suo aveva da tempo accettato come una fatalità il fatto che, presto o tardi, avrebbe dovuto fare i conti con quella vecchia storia. Solo che non se lo aspettava, o meglio, non si aspettava che accadesse in quel momento e in quel modo, a causa di un ridicolo inconveniente che lo aveva posto al centro di una malsana attenzione. Pensare che tutto era iniziato per colpa di uno stupido gatto lo faceva impazzire. Ma che ci poteva fare, ormai? Per tutta la vita era stato un pragmatico e non gli restava che continuare su quella strada.

Dunque doveva agire nell'unico modo possibile, e al più presto.

Aprì l'anta della credenza e si versò un mezzo bicchiere di brandy, lo ingollò di un fiato. Di lì a poco l'alcol avrebbe fatto effetto e lo avrebbe calmato per qualche tempo.

Scostò la tenda e guardò fuori: la via era tranquilla, imperturbabile come sempre, illuminata dai lampioni che lasciavano qua e là ampie zone d'ombra, il marciapiede deserto. Eppure ormai era certo che il nemico lo avesse individuato e si annidasse là fuori, da qualche parte.

Aveva capito tutto in un attimo, come se all'improvviso gli si fosse accesa una lampadina in testa e, da quel momento in poi, non aveva cessato di ragionare a tutto vapore.

Per prima cosa doveva comportarsi come sempre, di questo era certo. Come se non avesse capito nulla e non si rendesse conto che il pericolo lo minacciava da vicino. L'attesa era la strategia migliore.

Tirò fuori di tasca l'orologio d'argento: era l'ora di uscire per la consueta breve passeggiata e così avrebbe fatto, come di consueto: il giro di alcuni isolati e poi di nuovo a casa.

Indossò la sciarpa di seta, il soprabito, il cappello e gli immancabili guanti, lanciò un'ultima occhiata alla moglie addormentata e uscì.

Appena fuori del portone si guardò a destra e a sinistra, ma non vide nessuno. Allora, come ogni sera, si diresse verso piazza Baracca a piccoli passi rapidi, impettito, con un braccio piegato dietro la schiena.

Mise la mano in tasca e vi trovò, appallottolata, l'ultima lettera anonima ricevuta appena il giorno prima. La rilesse alla luce di un lampione, aggrottando la fronte, poi la gettò via con un gesto rabbioso, guardandola scomparire nel buio di un tombino di scolo.

Maledizione!

Svoltò l'angolo e si fermò, schiena al muro, il respiro ansimante, per vedere chi sarebbe sbucato dietro di lui: nessuno. Si sentì un po' ridicolo, riacquistò la sua abituale dignitosa postura e si rimise in cammino, superò il Circolo della musica e svoltò a destra, in piazza Tazzoli. Gli alberi spogli stormivano dolcemente alla brezza serale.

Poco dopo imboccò via D'Andrade, come sempre. Era lì che l'uomo dall'impermeabile scuro lo aveva avvicinato. E adesso? Qualcun altro sarebbe sbucato all'improvviso da un vicolo? Qualcun altro gli stava alle calcagna e spiava ogni sua mossa? Ne era quasi certo, così come era certo che questi fosse molto più pericoloso dell'uomo dall'impermeabile scuro.

Si fermò di nuovo, fingendo di guardare una vetrina illuminata: dietro di lui non si vedeva anima viva. Riprese a camminare, impettito.

Possibile che si fosse immaginato ogni cosa, che si fosse costruito un castello in aria per niente? Possibile che si fosse sbagliato?

Cercò di respirare profondamente e con calma, perché gli era venuto il fiatone e sentiva il cuore battergli nel petto. Ecco. Era proprio questo che doveva assolutamente evitare: farsi prendere dal panico. L'unica possibilità che aveva di cavarsela era quella di mantenere la calma e la testa sulle spalle, come aveva sempre fatto.

Si fermò più volte, lungo il tragitto, ma non vide assolutamente nessuno che potesse preoccuparlo, che desse l'idea di seguirlo, di osservarlo. Per la verità, come sempre a quell'ora, incrociò ben pochi passanti. Quasi tutti li conosceva di vista: erano per lo più persone anziane del quartiere che, come lui, uscivano a fare quattro passi oppure portavano a spasso il cane prima di ritirarsi per la notte.

Si sentiva soffocare. Si fermò un attimo. Un respiro profondo gli diede la sensazione di riempirsi i polmoni di ossigeno. Ritrovò una certa calma, completò la passeggiata seguendo il solito tragitto, arrivò davanti al portone e si guardò di nuovo attorno, a destra e a sinistra: nessuno. Forse erano i nervi, forse stava davvero esagerando. Comunque, ormai, la sua decisione l'aveva presa e indietro non sarebbe tornato.

Estrasse la chiave dalla tasca e aprì l'anta, lanciò un'altra occhiata furtiva attorno e scomparve all'interno. Il portone si richiuse alle sue spalle con un sonoro *clac*.

Dal vano di un altro portone, alcuni metri più avanti, si staccò la figura di un uomo tarchiato, con un impermeabile stretto in vita dalla cintura e un cappello floscio la cui falda gli copriva la fronte. Guardò le luci accendersi in casa Marcenaro, poi sollevò il bavero e attraversò la strada, scomparendo a passi lenti in direzione di via Paglia.

Capitolo 27

Martedì 2 ottobre, ore 22.20

Il commissario Maffei era molto attento alla propria coerenza. Era convinto che, nel lavoro di squadra, la credibilità e l'autorevolezza del capo fossero figlie, soprattutto, della coerenza e dell'esempio.

Perciò, benché alla fine di quella inconcludente giornata stesse tornando a casa guidando lentamente e ascoltando la radio, quando ricordò di aver detto all'ispettore Rosati di aspettarsi un rapporto da lui «entro domani» – diventato a quel punto entro quella stessa sera – si diede una manata sulla fronte. Aveva rimuginato tutto il giorno su quella faccenda, ma della scadenza data a Rosati il giorno prima si era del tutto dimenticato. Uno dei suoi metodi di lavoro era assegnare una scadenza precisa per ogni incarico, scadenza che, salvo casi di forza maggiore, andava rigorosamente rispettata. E, di solito, come in quel caso, non si trattava di scadenze comode né di tempi lunghi.

Non era pensabile, dunque, che lui se ne andasse a casa senza aver ascoltato il resoconto dell'indagine, dopo che l'ispettore si era scapicollato l'intera giornata per reperire le notizie in tempo. Perciò Maffei cambiò subito rotta e tornò in questura.

Passando davanti all'usciere, chiese senza fermarsi: «Rosati c'è ancora, che tu sappia?»

«Sì, commissario. Credo che sia nel suo ufficio.»

Maffei appese cappello e soprabito, quindi andò a cacciare

la testa nell'ufficio degli ispettori. «Rosati! Vieni da me un attimo, per favore.»

«Eccomi, capo. La stavo giusto aspettando per il rapporto», rispose Rosati con una nota di sollievo nella voce, vista l'ora ormai tarda e la cena saltata.

«Abbi pazienza. Ho fatto tardi.»

Mica erano scherzi! Eccola lì la questione della coerenza: Rosati lo stava aspettando.

Se il commissario fosse andato a casa, l'ispettore sarebbe rimasto deluso. Mi ha dato una scadenza, ma se è andato a casa senza sentire il rapporto vuol dire che non era poi così importante, né urgente, quindi mi ha fatto correre per niente, avrebbe pensato Rosati. Una sensazione che Maffei stesso aveva provato più volte, da giovane, e che gli ricordava tanto l'abuso di potere, o più semplicemente l'arroganza. In ogni caso era una mancanza di rispetto per il lavoro altrui. Ricordava una volta in cui, appena assunto alla squadra mobile, aveva passato la domenica a scrivere un rapporto che il suo capo voleva per il lunedì mattina: il rapporto era rimasto sulla scrivania e il commissario si era degnato di leggerlo solo il martedì pomeriggio.

Con Rosati, quindi, aveva appena rischiato di perdere un paio di punti di autorevolezza.

«Allora», esordì Maffei, dopo essersi accomodato dietro la scrivania. «Sentiamo un po', che novità ci sono?»

L'ispettore Rosati aveva un'espressione soddisfatta dipinta sul volto, a significare che si apprestava a fare bella figura col suo capo, dandogli informazioni degne di nota.

«Innanzitutto ho interrogato di nuovo i coniugi Tagliafico.»

«E quindi?»

«E quindi mi sono fatto un'altra bella sudata, capo, ma hanno confermato la loro deposizione parola per parola. Sono entrambi nativi di Cornigliano, famiglie di pescatori, gente onesta e conosciuta, sulla quale non c'è mai stato nulla da eccepire.»

«Uhm!»

Rosati proseguì imperterrito. «Poi sono stato a Savona, come lei mi ha chiesto, e ho raccolto qualche notizia, qua e là, sull'ultimo periodo dei Marcenaro in città. Ho sentito i vicini e i negozianti, il farmacista.»

«Racconta!»

Rosati tirò fuori il taccuino, accavallò le gambe e si concentrò sugli appunti. «Dunque. I coniugi Marcenaro non facevano una gran vita di società, anzi, erano piuttosto riservati e vivevano tra l'appartamento di Savona e la casa che avevano acquistato a Urbe, dove passavano le vacanze di Natale, qualche giorno a Pasqua e un mese di vacanza in estate, oltre a qualche giorno festivo durante l'anno. Tutti li descrivono come una coppia molto unita, discreta, gentile. Lui un uomo molto corretto, elegante e di una certa erudizione, lei una donna di buon carattere, modesta e devotissima al marito. Della piccola borghesia, ma decisamente benestanti. Avevano anche una domestica che sbrigava le faccende pesanti due volte la settimana.»

«Cosa si sa della salute della moglie?» intervenne il commissario.

«Pare che il primo grave episodio della malattia della signora Antonietta si sia verificato nell'estate del 1947, mentre i due erano in villeggiatura a Urbe, ma a Savona nessuno dei vicini sa con precisione cosa sia successo. Sanno semplicemente che la signora Antonietta era malata da tempo. Ho trovato l'anziano farmacista, mi ha detto che il medico che seguiva allora i Marcenaro è morto di vecchiaia, ma lui ricordava che negli ultimi tempi la signora assumeva dei farmaci per il cuore, cardiotonici o roba del genere.»

«Aspetta un attimo. A quei tempi la signora Marcenaro non aveva ancora problemi di paralisi?»

«A quanto sembra non ancora, perlomeno non in maniera evidente. Però non stava bene, questo è certo, usciva poco e camminava già a fatica.»

«Avevo capito che quando sono arrivati a Sestri lei fosse già messa molto male.»

Rosati voltò nervosamente alcune pagine del taccuino. «A quanto pare bene non stava per niente, capo. Al ritorno dalla campagna, comunque, la signora non si era ancora ripresa e aveva passato alcuni mesi senza uscire di casa. All'inizio del '48, Tarcisio Marcenaro è stato trasferito a Sestri, i due hanno traslocato e a Savona non si sono più visti. Del resto le condizioni della donna le sappiamo e...»

Maffei fece una strana smorfia. «Mm.. Ci sei stato a Urbe?»

«Sì, capo, naturalmente. Una cosa tira l'altra e io, sa, è da stamattina che mi sbatto come un ossesso.»

«Vai avanti!» bofonchiò il commissario, rovistando distrattamente tra le carte con aria colpevole.

«Allora. I Marcenaro sono arrivati a Urbe nell'agosto del 1947, come sempre, e hanno ripreso il loro consueto tran tran di paese. Ho visto la casa, capo: una bella casa a due piani vicino alla chiesa con un bel giardino dietro. Poi, però, la signora si è sentita male all'improvviso e, praticamente, non è più uscita di casa per tutto il tempo. Ha avuto un attacco di cuore, pare piuttosto serio, e il medico del paese le ha raccomandato assoluto riposo. Perciò riceveva qualche vicina stando in poltrona, in casa, oppure seduta in giardino, pare che respirasse a fatica e per qualche giorno le abbiano somministrato l'ossigeno. Poi sono tornati a Savona ai primi di settembre e a Urbe non ci hanno più messo piede. L'anno seguente, Marcenaro ha messo in vendita la casa perché nel frattempo si erano trasferiti a Genova.»

«Mm...» grugnì di nuovo Maffei fissando le carte sparse sulla scrivania con aria scontenta. «Hai parlato col medico?»

«No, capo. Il medico di allora se ne è andato e nessuno ha saputo dirmi dove sia finito. Ho il nome, però, e, con un po' di tempo, si può sempre rintracciare.»

«Vedremo. E poi?»

«E poi, come da lei suggerito, nel pomeriggio sono andato a fare quattro chiacchiere con il direttore della filiale di Sestri della Banca Commerciale. Ormai è anziano e prossimo alla pensione, ma è in carica a Sestri da più di quindici anni e ha buona memoria.»

«Che dice?»

«Qui arriva la parte interessante, capo. Nonostante non avessi alcun mandato da esibire, il direttore è sembrato quasi sollevato dalla mia visita e non ha preteso troppe formalità per darmi qualche informazione, che mi ha raccomandato di tenere riservata. Innanzitutto Marcenaro è stato sempre un impiegato modello, sul conto del quale non c'era mai stato il minimo dubbio, che è andato in pensione con tutti gli onori dovuti a un cassiere integerrimo.»

«Quando ha chiesto il trasferimento a Genova?»

Rosati consultò di nuovo il taccuino. «Nel 1947, non si sa esattamente in che mese. O meglio, aveva chiesto fin dall'inizio del 1946 un avanzamento di carriera per diventare cassiere e si era messo a disposizione per essere trasferito presso la prima filiale in cui si fosse liberato un posto del genere. Nel frattempo era subentrata la faccenda della salute della moglie e nel '47 aveva sollecitato il trasferimento a Genova a qualunque condizione per poterla curare meglio. Per questo, visto anche l'eccellente stato di servizio, venne accontentato in fretta. Fu trasferito a Sestri come impiegato nei primi mesi del 1948 e in seguito assunse la posizione di cassiere.»

Maffei si agitò sulla sedia. «E cosa c'è di così interessante in tutto questo?»

«Ci arrivo, capo! Come le dicevo, il direttore sembrava quasi aspettarsi la mia visita, a proposito di Marcenaro.»

«Cioè?»

«Cioè era alquanto preoccupato, perché Marcenaro, che da quando venne assunto ha avuto il suo conto corrente presso la banca, è stato sempre molto oculato, non ha mai fatto mosse strane o investimenti azzardati, tanto meno aveva mai compiuto, da quattordici anni a questa parte, cioè da quando il conto venne trasferito alla filiale di Sestri, movimenti considerevoli di denaro.»

«E invece?»

«E invece stamattina si è presentato in banca, ha disposto un ingente bonifico a favore di un conto bancario svizzero e ha ritirato in contanti e assegni internazionali il denaro che gli restava sul conto! Il direttore me lo ha detto in confidenza, ma...»

Rosati non riuscì a concludere la frase perché Maffei calò

una manata sul tavolo facendolo sobbalzare. «Per la miseria! Visto, Rosati? Lo sentivo che il nostro amico non ce la stava raccontando tutta. Quanti soldi?»

«Questo il direttore, senza un mandato, non ha voluto dirmelo.»

Il commissario fece spallucce. «Non ha mica torto.»

«Insomma, commissario, il direttore è preoccupato che al suo ex dipendente sia successa qualche disgrazia, oppure che si sia cacciato in qualche brutto pasticcio.»

«È ragionevole. Ti ha detto altro?»

«Ho cercato di insistere, ma lui non si è sbottonato del tutto. Mi ha detto che sul conto c'erano i soldi ricavati dalla vendita della casa di campagna e che Marcenaro, regolarmente, faceva piccoli depositi, ciò che gli avanzava dalla pensione, ma poca roba. Per contro mi ha accennato al fatto che nei primi anni, fino al 1950, aveva una rendita annuale regolare, piuttosto considerevole, che poi si è interrotta.»

«Ti ha detto da dove veniva e di quanto si trattava?»

«Assolutamente no, capo.»

«Il conto a chi è intestato?»

«A lui e alla moglie. Ma credo che la moglie, combinata com'è, non metta piede in banca da anni.»

Maffei si appoggiò all'indietro, sullo schienale della poltrona, intrecciò le dita sulla pancia e socchiuse gli occhi: stava pensando.

Rosati non fiatò. Sapeva bene che quando il capo era preso dal lavorio delle meningi era meglio non interromperlo.

Dopo un paio di minuti il commissario si riscosse e parve riemergere da un sonnellino. «Be', Rosati, per stasera vattene a casa. Oggi hai fatto un lavoro eccellente.»

«Grazie, capo. Lei viene via con me o rimane?»

«Vai, io resto ancora un po'. Devo fare una cosa urgente.»

«Bene, capo, allora buonanotte e a domani.»

Rosati si eclissò, veloce come una lepre, Maffei alzò il ricevitore e compose il numero di casa del giudice Repetto. Mentre aspettava che qualcuno rispondesse, fece un sospiro e lanciò un'occhiata all'orologio: le undici e mezzo passate. Non era certo l'ora giusta per telefonare a casa della gente per bene. Tuttavia, c'erano cose che non si potevano rimandare, che doveva levarsi dal gozzo al più presto possibile. Una di quelle era, appunto, raccontare al giudice Repetto, una volta per tutte, quello che gli frullava per la testa e chiedergli il necessario sostegno. D'altra parte mica poteva tenersi una simile grana sulle sue sole spalle, in segreto.

Capitolo 28

Mercoledì 3 ottobre, ore 9.30

«Starò fuori un paio d'ore almeno. Devo fare delle commissioni urgenti, in centro città, e non so esattamente quando...»

La signora Rossi si accomodò sulla poltrona con un'aria serafica e soddisfatta, tirò fuori dalla borsa il lavoro a maglia, inforcò gli occhiali e lo interruppe scrollando il capo. «Non si preoccupi, signor Tarcisio, faccia quel che deve fare. Fino a mezzogiorno posso restare, senza problemi. Il mangiare l'ho già *inandiato* stamattina presto, il sugo è fatto e non mi resta che buttare la pasta, per secondo un po' di formaggio e una mela e vai così che vai bene.»

Fece un sorriso modesto, lanciò un'occhiata piena di simpatia alla signora Antonietta – intronata sulla sedia a rotelle, con lo sguardo opaco fisso sul muro di fronte – e prese a sferruzzare di gran lena, come un macchinario perfetto, che basta metterlo in moto, magari schiacciando un piede, a mo' di pedale della Singer, ed esegue automaticamente sempre gli stessi movimenti.

Tarcisio aveva ricevuto la telefonata di buon'ora, alle nove del mattino, e lì per lì non aveva riconosciuto la voce roca e strascicata, come filtrata da una dentiera fuori posto, che lo aveva interpellato. «Pronto! È Tarcisio Marcenaro all'apparecchio?»

«Sì, sono io. Chi parla?»

«Il suo amico degli orologi.»

Era Tommaso Giannelli, l'orologiaio che Tarcisio era andato a trovare il giorno prima: un vecchietto incartapecorito che possedeva una botteguccia in via Delle Fontane, vicino alla Porta dei Vacca, uno dei due accessi monumentali alla città vecchia.

Per la verità, più che di una bottega vera e propria si trattava di un bugigattolo, a due passi da via Di Pré e via Del Campo, dove la prostituzione e il contrabbando d'ogni genere – dalle sigarette alle armi, con in mezzo ogni merce che può comparire alla ribalta di un grande porto – prosperavano a meraviglia e i clan dei sardi e dei marsigliesi si contendevano i primati dei vari commerci.

Il vecchio – conosciuto da tutti e universalmente soprannominato *'o professore*, poiché era stato maestro elementare in Etiopia ai tempi delle colonie e si era addirittura laureato in lingue dopo la pensione, all'età di 65 anni – a 81 anni riparava e commerciava orologi antichi o anche semplicemente vecchi. Ma soprattutto chiacchierava con tutti, ascoltava con pazienza, rispondeva con cortesia anche a coloro che, al vertice di certi loschi commerci, andavano talvolta a sedersi nella striminzita bottega, sedevano sull'unica sedia impagliata davanti al minuscolo e decrepito banco, e si lasciavano andare a confidenze o, addirittura, chiedevano consigli. Infatti *'o professore* godeva di indiscussa fama di uomo saputo, saggio e imparziale, ma soprattutto fidato, cioè capace di ascoltare, consigliare e tenere la bocca cucita, come se quel che aveva sentito fosse entrato da un orecchio e uscito dall'altro evaporando nell'aria. Insomma, uno di quegli esemplari d'uomo per i quali a Genova si dice *vä ciù na dita che un palassio*, vale più una buona reputazione di un palazzo. Infatti, pur in quel difficile ambiente, tutti lo rispettavano e nessuno osava sfiorarlo con un dito. La sua bottega, che pure conservava come uno scrigno, centinaia di vecchi orologi d'oro, d'argento, antiche parigine di bronzo dorato e pendole in stile Impero o roccocò, benché non avesse nemmeno una serranda, ma soltanto dei vecchi scuri di legno che montava accuratamente alla chiusura, non aveva mai subito il minimo tentativo di furto.

«Ci sono novità?» chiese Tarcisio.

«Può essere», rispose ineffabile *'o professore*. «Se passa a trovarmi stamattina, facciamo due chiacchiere.»

Era più che abbastanza: a buon intenditor poche parole. «Va bene. Arrivo!» E Tarcisio aveva subito iniziato a prepararsi.

Era approdato alla bottega dell'orologiaio parecchi anni prima, quando si era rotto il vetro del suo cipollone d'argento, un Longines del 1913, del quale nessuno era stato in grado di procurare il pezzo di ricambio. Aveva girato innumerevoli orologiai e, alla fine, qualcuno gli aveva indicato il vecchio Giannelli, in via Delle Fontane. «Se c'è uno che può metterci mano, quello è lui.»

Infatti *'o professore* gli aveva finalmente sistemato l'orologio. Da quella volta la botteguccia era diventata una delle tappe del suo peregrinare domenicale nel centro storico, poiché spesso Giannelli era in bottega a trafficare anche la domenica, seppure con la porta chiusa a chiave. Ma bastava bussare sul vetro che lui arrivava ad aprire di buon grado.

E quando i rapporti erano divenuti via via più confidenziali e i due avevano iniziato a chiacchierare di filosofia e di vita, un giorno Giannelli, stringendosi nelle spalle e facendo un sorriso timido e modesto, aveva detto: «Nella vita conviene sempre avere per amici un avvocato, un commercialista e un medico, e a volte anche qualcun altro. Io qui conosco tanta gente e tutti mi rispettano. Lo sa com'è l'ambiente... Ebbene, se un giorno le capitasse di aver bisogno d'un favore di qualunque tipo, di quelli che non le può fare l'avvocato, né il commercialista, né il medico, be', chieda pure a me».

Così, il giorno precedente, Tarcisio se ne era ricordato.

Adesso, subito dopo essersi controllato nello specchio e aver calzato i guanti e il cappello, aveva aggrottato la fronte e fissato il pavimento, in una postura di profonda e preoccupata riflessione. Doveva uscire, si capisce, ma doveva anche schivare il pericolo che gli mordeva le caviglie, perché ormai la battaglia era iniziata e lui le sue carte doveva giocarsele sino in fondo senza che l'altro, il suo persecutore, se ne avvedesse. Il suo vantaggio, ne era convinto, consisteva nel fatto che l'altro non sapeva che lui sapeva.

Dunque, quand'anche Tarcisio fosse quasi certo che per il momento, in pieno mattino, nel bel mezzo della città affollata e brulicante, non ci sarebbe stato alcun tentativo di azione ai suoi danni, semmai lo avesse avuto alle calcagna, intendeva seminarlo a ogni costo, perché l'altro non doveva assolutamente intuire ciò che gli frullava per il capo.

Aprì il cassetto del comò e ne prese un mazzo di banconote da diecimila lire che infilò con cura nella tasca interna del soprabito.

Erano ormai le nove e quaranta.

Uscì dal portone e, con l'aria di uno che guarda che tempo fa, lanciò alcune occhiate in giro, ma non vide nulla, o meglio, nessuno che corrispondesse al suo persecutore.

Si avviò a sinistra e camminò, impettito con un braccio dietro la schiena, in direzione di via Ciro Menotti, dove avrebbe preso il tram per piazza Caricamento, il numero 1.

Fu appunto alla fermata del tram, accanto al minuscolo chiosco grondante giornali da ogni lato, che guardando a sinistra all'estremità del gruppo in attesa, vide il suo uomo, con l'impermeabile stretto in vita e il cappello a tesa larga. Non poteva vederlo in faccia perché quello, per non mostrarsi, a sua volta teneva il viso voltato verso sinistra, da dove a momenti avrebbe dovuto sbucare il tram, ma era certo che fosse proprio lui.

Quando il tram arrivò sferragliando e si fermò con un gran stridio di freni, Tarcisio fu tra i primi a salire. Pagò il biglietto e si inoltrò fra i passeggeri, verso la parte anteriore della vettura. «Permesso! Permesso...»

Infine si collocò tra il manovratore e l'uscita anteriore, tenendosi aggrappato a una maniglia con la mano guantata e lasciò scorrere lo sguardo all'indietro: eccolo là, il tizio.

Il tram si era messo in moto con uno scossone e le teste dei passeggeri ciondolavano all'unisono, tutte nella stessa direzione.

Il suo persecutore si era piazzato accanto all'uscita centrale, tenendo sempre la tesa del cappello bassa sul viso, guardando in ogni direzione tranne che verso la parte anteriore della vettura.

Il cervello di Tarcisio lavorava in fretta: esaminava e scartava velocemente tutta una serie di eventualità e stratagemmi. Per fortuna era in grado di reagire in una frazione di secondo e di assumere quasi sempre la decisione giusta.

Perciò, quando il tram si fermò in piazza Massena e Tarcisio vide un taxi – uno solo – fermo al parcheggio sull'altro lato della piazza, aspettò che le porte iniziassero a muoversi per chiudersi, emettendo il solito sbuffo d'aria compressa, e, come uno che si fosse reso conto soltanto in quel momento d'essere arrivato alla fermata giusta, si insinuò tra le ante in movimento e si catapultò a terra. Ma il tram non ripartì subito e Tarcisio percepì un grido alle sue spalle – «Un momento!» – e si accorse che le porte si erano riaperte per un attimo: qualcun altro era sceso.

Il primo stratagemma, dunque, non aveva funzionato.

Non si voltò, attraversò la piazza con il semaforo rosso, zigzagando senza correre tra le auto di passaggio che strombazzavano a tutto spiano, si infilò nel taxi e intimò all'autista di partire. «Verso il centro!»

Poi, mentre l'auto faceva il giro della piazza per imboccare il ponte di Cornigliano verso levante, passò davanti all'uomo con l'impermeabile e il cappello, che fissava il taxi con aria feroce e impotente. Tarcisio si rannicchiò in un angolo e non si mosse più.

«Dove andiamo esattamente, signore?»

«Vada verso Sampierdarena. Glielo dico io dove fermarsi.»

Scese a metà di via Cantore, si nascose dietro una colonna dei portici e poco dopo saltò su un autobus della linea celere diretto in via Orsini, ad Albaro, e scese in piazza dell'Annunziata. Si guardò attorno – più per automatismo che per scrupolo – e imboccò, impettito come sempre, via Delle Fontane. Dopo due minuti spingeva la porta della bottega dell'orologiaio.

'O professore, da dietro il banchetto illuminato dalla lampa-

da a braccio, tra i mille ticchettii degli orologi appesi alle pareti fuligginose, alzò lo sguardo, posò il minuscolo cacciavite e si tolse la lente a monocolo, poi sollevò il braccio della lampada, allontanandola. «Oh, Tarcisio, è lei! Buongiorno», salutò con la sua voce strascicata dall'accento toscano.

Nonostante la giornata tiepida, l'ambiente era surriscaldato da una stufetta elettrica che rendeva l'aria irrespirabile, eppure *'o professore*, sotto al grembiule grigio, indossava un maglione fatto ai ferri, altrettanto grigio e talmente spesso che a dargli una coltellata il magro corpo non si sarebbe scalfito.

Tarcisio non rispose che con un cenno del capo, sedette sulla solita seggiola, si tolse il cappello e lo posò sulle ginocchia, poi inarcò le sopracciglia e spalancò su Giannelli il suo sguardo più azzurro e interrogativo. «Allora?»

L'altro lo fissò, strinse le labbra e risucchiò le guance all'interno del viso scarno e giallastro, poi lasciò andare il suo solito timido sorriso e si passò la mano sulla fronte asciutta, come a detergersi un immaginario sudore. «Allora si può fare. Ho sentito un po' di persone, come le avevo promesso, e ho trovato quella giusta.»

Tarcisio si protese verso il banco con espressione ansiosa. «Mi dica!»

L'altro si appoggiò allo schienale imbottito della consunta poltrona girevole e piegò il capo su un lato, assumendo un'espressione vezzosa, quasi da educanda. «Eh, cosa vuole che le dica? Io non ne so nulla. È passato di qua un tale e ha lasciato un biglietto per lei. Tutto lì.»

Aprì un cassetto, ne prese un foglio e lo tese a Tarcisio. «Questo è l'indirizzo. Ci vada stamattina stessa.»

Tarcisio lesse. «Ma... non c'è nemmeno il nome!»

«Ah! Il nome non le serve. Lei suoni il campanello, qualcuno le aprirà.»

Tarcisio si portò istintivamente la mano al petto, dove trovò il rigonfio della tasca piena di banconote. «E... quanto mi costerà?»

Ci fu di nuovo l'espressione da educanda, uno stringersi nelle spalle. «Mah, io questo non lo so. Non mi intendo di certe faccende e, del resto, non so nemmeno bene cosa le serva.»

«Ma gliel'ho detto! Io...»

«Se me l'ha detto, me ne sono dimenticato. Perciò...»

«Capito», lo interruppe Tarcisio. Piegò il foglio e se lo mise in tasca. Quindi si alzò e tese la mano al vecchio. «Grazie tante!»

'O professore restituì una stretta debole. «Ma le pare. Tanti auguri!»

Dopodiché infilò la lente a monocolo, abbassò il braccio della lampada sul tavolo e brandì di nuovo il minuscolo cacciavite chinandosi su un orologio a cuore aperto, come se quella visita non ci fosse mai stata.

Capitolo 29

Giovedì 4 ottobre, ore 17.30

Il commissario Maffei era consapevole del proprio stato: si crogiolava nel suo stesso brodo, come un'anguilla nell'intingolo.

A volte capitavano giornate così, nelle quali si sentiva come quando da bambino aveva la febbre e si rintanava con una sorta di intimo piacere tra le coltri, che lo proteggevano dai brividi e dal mondo esterno.

La verità era che, arrivato a quel punto, non aveva altro da fare se non aspettare e, in quell'attesa che ormai durava da due giorni, nemmeno si azzardava a ragionare, a mettere insieme nuove supposizioni, a porsi ulteriori domande, come quando dopo un prelievo di sangue si aspetta l'esito delle analisi di laboratorio.

Un passo alla volta, dunque: la rete era stata gettata e ora occorreva aspettare il momento di tirarla in barca, sperando di trovarci dentro tanto pesce.

Dalle otto alle nove meno un quarto del giorno precedente, invece, aveva lavorato: come era solito dire, *aveva seminato la giornata*. In altre parole aveva messo in chiaro le cose con la squadra – cioè aveva spiegato in che direzione avrebbero indagato – e aveva dato il via alle operazioni.

Dopo aver radunato i suoi collaboratori, aveva mostrato il mandato firmato dal giudice Repetto, ne aveva consegnato le copie e aveva fatto un lungo discorso, più che altro una sorta di monologo, quasi un pensare ad alta voce. E ancora una volta era stato reticente, cioè non aveva esplicitato l'idea di fondo che lo ispirava.

Gli uomini della squadra, così come il giudice Repetto, erano abituati alle sue strampalate esternazioni, alle riflessioni contorte e costellate di *se* e di *ma*, espresse tenendo lo sguardo fisso su un punto imprecisato del muro, verso l'alto, come se fantasticasse. Poi, all'improvviso, aveva interrotto il discorso e aveva lasciato vagare sui presenti gli occhi prominenti. «Detto questo, non resta che mettersi al lavoro!»

A quel punto aveva allungato la mano verso un mucchietto di biglietti già pronti, impilati alla sua destra.

Li aveva scorsi a uno a uno tenendo la fronte corrugata e infine li aveva distribuiti con cura – con l'aria compresa e mistica di un prete che distribuisce l'ostia –, assegnando a ciascuno un incarico preciso e spiegando sinteticamente ogni compito.

I santini del capo!

I suoi ragazzi erano abituati a certi cambiamenti repentini: il fatto che il commissario spendesse tre quarti d'ora in complicate elucubrazioni senza giungere ad alcuna importante conclusione, non significava affatto che non avesse le idee chiare su ciò che c'era da fare, nel concreto, da lì a cinque minuti. E adesso la situazione si era sbloccata: il giudice Repetto gli aveva dato carta bianca.

La giornata di giovedì era grigia, uggiosa, e alle cinque del pomeriggio negli uffici della questura le lampade erano già accese da un pezzo. Uno scirocco umidiccio spazzava il viale Delle Brigate Partigiane ed era anche piovuto debolmente. Qualcuno aveva sparso segatura sul pavimento del corridoio.

Dalle nove del mattino lui si era di nuovo rintanato nel suo ufficio, infagottato nella giacca pesante, avvolto da una nube di fumo sfilacciata che si avvolgeva in spire attorno all'alone luminoso della lampada. I suoi movimenti erano lenti e svogliati. Non si era mosso neppure per il pranzo: si era fatto portare due panini e una birra dal garzone del bar e li aveva consumati andando avanti e indietro per la stanza, come se in sua assenza fosse potuto capitare chissà cosa, macchiandolo di una grave mancanza. Solo quando il telefono squillava aveva uno scatto inaspettato e slanciava il braccio verso l'apparecchio, afferrando la cornetta. Un balzo simile a quello di un coccodrillo acquattato nello stagno, immobile, apparentemente addormentato, che compie un guizzo repentino per agguantare l'antilope, sportasi sull'acqua per bere.

«Pronto, Maffei!»

Tuttavia, finora le telefonate non avevano portato niente di nuovo, se non qualche misero fallimento. Cose che capitano. Quanti giorni ancora ci sarebbero voluti per avere qualche buon risultato di ritorno?

Se ne stava così, dunque, con la schiena rilassata sulla poltrona e le mani intrecciate sullo stomaco, mentre ciò che restava dell'ultima sigaretta esalava l'estremo respiro emettendo un esile fil di fumo.

Qualcuno bussò alla porta.

«Avanti!» grugnì il commissario con voce scontrosa.

L'ispettore Rosati entrò, in maniche di camicia, con una matita infilata su un orecchio e la sigaretta che gli pendeva dalle labbra, aveva gli occhi cerchiati, lo sguardo da esaltato. Era l'unico dei suoi uomini che, per svolgere le ricerche che il commissario gli aveva affidato, si era dovuto muovere poco dall'ufficio. Eppure aveva passato buona parte della notte precedente al lavoro.

Maffei si riscosse con un sospiro. «Che c'è?»

«Un po' di novità, capo», Rosati sedette davanti al commissario. «Ci ho messo del tempo perché ho dovuto rintracciare una persona in Inghilterra e...»

«In Inghilterra?»

«Sissignore, capo. Ed è stato tutt'altro che facile. Per fortuna a Londra possiamo contare sull'aiuto dell'ispettore Glenn – se lo ricorda l'ispettore Glenn? – al quale avevamo dato una grossa mano nel caso...»

«Mi ricordo. Vieni al dunque», tagliò corto Maffei.

«Ecco. Prima sono stato in banca e, con l'aiuto del direttore, ho verificato il conto corrente di Marcenaro e i suoi principali movimenti a partire dal 1948, cioè da quando è stato aperto il nuovo conto alla filiale di Sestri. Volendo, poi, potremo fare lo stesso con la filiale di Savona per il periodo precedente. Il saldo iniziale era buono ma normale, del resto avevano acquistato sia l'appartamento di Savona che la casa di Urbe, di un certo valore. Dopodiché, in effetti, prima dell'altro giorno niente di straordinario, salvo il deposito del ricavato dalla vendita della casa di campagna, poi la vendita dell'appartamento di Savona e l'acquisto di quello di Sestri, dove vivono. Inoltre, c'erano alcuni versamenti regolari, presumibilmente risparmi sulla pensione, e degli investimenti regolari e sicuri. Però, come il direttore mi aveva accennato l'altra volta in via confidenziale, risulta che fino al 1950 la signora Antonietta riceveva una cospicua rendita annuale.»

«Cospicua quanto?»

«Nel 1950 era di circa un milione di lire all'anno.»

Maffei fece una smorfia. «Però! Mica male. Da chi arrivava?»

«Da uno studio legale londinese. Per questo mi è servito Glenn.»

«E quindi?»

«Ebbene per sapere qualcosa ci sono voluti due giorni, Glenn mi ha telefonato cinque minuti fa. Lo studio legale Ashby & Campbell, alla fine, dopo aver consultato il proprio cliente, ha deciso di rispondere in via riservata e non ufficiale alle nostre domande. Lo studio corrisponde ancora oggi una rendita annuale alla signora Antonietta Calcagno in Marcenaro. Rendita che attualmente ammonta a lire 1.915.000 annue.»

«Ah! E perché?»

«Questo l'avvocato Ashby non lo sa e ha detto a Glenn di rivolgersi direttamente al suo cliente, lui si limita a eseguire le istruzioni ricevute. Sembra che il cliente sia un tipo parecchio importante, un tale Lord, un deputato conservatore del regno, un viceministro di Macmillan. Ma con lui non siamo ancora riusciti a parlare e non so quando ci riusciremo. Glenn mi ha promesso che farà il possibile.»

«Ah! Andiamo bene. Questa non me l'aspettavo proprio.» Maffei si diede una grattata in testa. «Ma non mi hai detto che, secondo il direttore della filiale di Sestri, la rendita era cessata nel 1950?»

«Esatto, capo! Nel 1950 la signora Antonietta Marcenaro ha dato disposizione per iscritto allo studio legale di versare la rendita non più sul conto della Banca Commerciale Italiana agenzia di Sestri Ponente, bensì su un conto cifrato svizzero. A loro ogni volta arriva regolare conferma di accreditamento della somma, firmata dalla signora Marcenaro in persona.»

«Mm... Un conto svizzero. E Marcenaro ha appena trasferito buona parte del suo denaro su un conto svizzero, probabilmente è lo stesso. Un conto sul quale ogni anno arriva una somma rilevante accreditata da uno studio legale inglese! La faccenda si complica. Non sarà facile muoversi, d'ora in avanti. Anche perché dobbiamo agire con assoluta discrezione.»

«Ma lei, capo, pensa davvero che tutto questo c'entri con...»

«E che ne so, io? Vedremo! Un passo alla volta, Rosati. Comunque sia è una faccenda che va approfondita anche se non c'entra niente.» Maffei fece una smorfia. «Devo parlarne con Repetto, però. Se c'è di mezzo addirittura una personalità estera di tal calibro, bisogna andarci con i piedi di piombo per non combinare un casino. Sai com'è, in quegli ambienti sono tutti particolarmente suscettibili e pestare una merda è questione di un attimo. Come si muove Glenn?»

«Chiederà un colloquio riservato con questo Lord e gli spiegherà perché stiamo indagando. Cercherà di scoprire quali sono i suoi reali rapporti con i Marcenaro.»

«Va bene. Quanto ci vorrà?»

«Non lo so. Sentirò Glenn domani in tarda mattinata o nel primo pomeriggio.»

Maffei non rispose, trasse a sé un foglietto, afferrò la penna e prese a scrivere fitto, con l'espressione concentrata. Un silenzio greve calò nella stanza.

Dopo un po' Rosati osò parlare. «Ehm, capo, e io nel frattempo cosa faccio?»

Il commissario strinse le labbra e rilesse attentamente l'appunto che aveva appena vergato, quindi allungò il braccio attraverso la scrivania e porse il biglietto all'ispettore.

«Domani mattina vai a farti una gita in un bel paesino del ponente ligure.»

Rosati lesse il *santino* e aggrottò la fronte. «A Triora?»

«Sì, a Triora.»

Rosati uscì, con un'espressione stupita stampata sulla faccia. Il commissario Maffei si appoggiò allo schienale, incrociò le mani sullo stomaco, socchiuse gli occhi e protese le labbra. Aveva ripreso a pensare.

Capitolo 30

Venerdì 5 ottobre, ore 8.30

Tarcisio Marcenaro scostò la tenda e guardò fuori con le sopracciglia alzate, gli occhi spalancati e un'espressione che ricordava quella di un bambino stupito. Ma non era stupito, era in ansia.

La via aveva l'aspetto pigro e innocuo di sempre: un sole pallido e intermittente rischiarava a tratti i marciapiedi e ogni tanto la testa di un passante transitava rapidamente sotto il davanzale, oppure sull'altro lato della via.

Lui scrutava ogni angolo, ogni recesso visibile da quella postazione, per scorgere non un passante qualunque, ma un preciso personaggio: il pericolo che lo sovrastava e, ormai ne era certo, non lo perdeva di vista un attimo.

L'esperienza di essere tallonato, osservato, l'aveva già fatta quando il commissario Maffei gli aveva messo alle costole un ispettore della sua squadra, con lo scopo di proteggerlo dall'uomo con l'impermeabile scuro.

«Sono venuto a dirle che da domani le toglierò la scorta. Non c'è più motivo di mantenerla», aveva detto il commissario.

Adesso le cose erano radicalmente cambiate, le carte si erano rimescolate un'altra volta e lui non aveva più alle costole un uomo della Polizia con l'incarico di proteggerlo da un pericolo: si trovava di una situazione molto diversa.

Eppure, in quella monotona tranquillità quotidiana il suo uomo non riusciva a individuarlo. Poteva nascondersi ovunque, anche in pieno sole, e lui avrebbe dovuto come minimo aprire la finestra e scrutare la via da destra a sinistra, uscire e osservare l'interno delle automobili parcheggiate, i vani delle porte, la penombra dei portoni, tutto.

Tuttavia, non poteva. Non poteva per non essere lui a rompere il precario equilibrio in cui entrambi si trovavano, non avendo la certezza di poter compiere la mossa vincente. E così era meglio difendersi, mettersi al riparo in tempo.

La posta era la propria vita. Era una lotta contro il tempo, portata avanti con cura da ambo le parti, passo dopo passo, giocando d'astuzia, una lotta e un'incertezza che lo snervavano e lo indebolivano. Si sentiva una preda, come uno che si aggira nella notte in mezzo alla neve, e sente alle sue spalle l'ululato dei lupi: riuscirà a mettersi al sicuro prima che il branco lo raggiunga e lo azzanni?

Lasciò andare la tenda e alzò le spalle.

Attenzione! Mai farsi prendere dalle fantasie negative, dalla paura!

Ragionare con calma, piuttosto, concentrarsi sui problemi pratici, sulle azioni concrete.

D'altra parte la vita è questa: non ne abbiamo un'altra e dobbiamo giocarci le nostre carte fino in fondo senza esitazione e, per farlo bene, possiamo contare solo sulle nostre forze, pensò.

Infatti Tarcisio non credeva ai miracoli, non aveva la fede a sorreggerlo, non aveva la speranza della Provvidenza o dell'aldilà, né qualcuno che potesse aiutarlo. Poteva contare solo sulla propria capacità, la determinatezza, il raziocinio, l'attenzione nel non compiere passi falsi. Secondo lui, se non avere fede da un lato lo liberava dall'impaccio del senso del peccato, dall'altro lo portava a vedere la vita in una prospettiva del tutto diversa, in una luce cruda e spietata: certamente era ben più faticoso e inquietante piegarsi a scrutare il fondo del barile, piuttosto che alzare lo sguardo verso le nuvole bianche nel cielo azzurro.

Si voltò e vide davanti a sé il letto, sul quale aveva disposto in simmetria perfetta alcuni mucchietti di indumenti: stava mettendo ordine nelle proprie cose e quel procedere razionale e rigoroso, secondo uno schema prefissato, gli dava la sensazione di mettere in ordine la sua stessa vita.

In un angolo della stanza c'erano due valigie di cuoio; ma non era il momento di usarle, di riempirle, non ancora. «Ogni cosa a suo tempo!»

Aprì il cassetto del comò e si mise a tirar fuori documenti su documenti, rigorosamente classificati, raggruppati in piccoli fasci legati da nastri ed elastici di colore diverso. Li esaminava a uno a uno, dopodiché ne sceglieva alcuni e li disponeva sul letto, accanto ai mucchietti di indumenti, altri li portava in cucina e li gettava in un secchio di stagno. L'operazione andò avanti per buona parte della mattinata. Ogni tanto dava un'occhiata ad Antonietta, le diceva qualche parola con il solito tono calmo e gentile, la aiutava a bere un bicchiere d'acqua.

«Bevi, cara.»

«Non ho sete!»

«Ma devi bere!» rispondeva lui avvicinandole il bicchiere alle labbra. «Lo sai bene che il dottore ti ha raccomandato di bere almeno un litro e mezzo d'acqua al giorno.»

Poi riprendeva il suo incessante va e vieni tra la camera da letto e la cucina, come uno scoiattolo che porti le ghiande alla tana. Infine prese la bottiglia dell'alcol, la stappò e ne versò parte del contenuto sui documenti buttati, quindi si infilò la giacca, aprì la finestra che affacciava sul giardino, accese un fiammifero e lo gettò nel secchio. Le fiamme si levarono in un attimo. Tarcisio restò immobile, con gli occhi spalancati, a guardare le carte accartocciarsi e bruciare, trasformandosi in cenere scura mentre il fumo si dissipava. Non appena le fiamme si spensero, afferrò il secchio, lo pose nell'acquaio e aprì il rubinetto. Poi diede una bella rimescolata al contenuto, portò il secchio in bagno e lo svuotò nella latrina. Era la seconda volta che effettuava un'operazione del genere, dalla prima volta erano passati molti anni. Sino a poco tempo prima, quando ancora non era finito per puro caso al centro dell'attenzione, non avrebbe mai pensato di trovarsi di nuovo allo stesso punto. E adesso era anche peggio.

Si lavò le mani con cura e si ravviò i capelli col pettine. L'odore acre della carta bruciata ristagnava ancora nelle stanze.

«Tieni, cara.»

Mise delicatamente lo scialletto di lana sulle spalle di Antonietta.

«Usciamo in giardino?» chiese la donna.

«No, cara, non ora. Ma devo cambiare l'aria nelle stanze. Lo sai che il mattino è necessario arieggiare. È una questione di igiene.»

Spalancò altre finestre, come se stesse facendo le pulizie. L'azzurro degli occhi si fece più profondo, un accenno di sorriso, un'ombra di sarcasmo gli si disegnò sulle labbra. «A noi due, adesso!»

Per il momento doveva continuare a prepararsi, organizzare ogni cosa fin nel minimo dettaglio, non trascurare nulla, non dimenticare nulla: in questo consisteva la sua forza.

Nel frattempo doveva vivere come al solito: la mattina uscire a fare la spesa e la sera, dopo aver messo a letto Antonietta, non mancare di fare la consueta passeggiata nelle vie del quartiere. Probabilmente, per il momento, non sarebbe accaduto niente di eclatante, nessuno avrebbe interrotto bruscamente il corso della sua esistenza ben regolata: era ancora troppo presto, il nemico lo stava solo osservando. Ormai era quasi una partita a scacchi, un gioco. Eppure finora non si era mai sentito così in pericolo, così minacciato.

Tempo. Gli occorreva ancora un po' di tempo e forse ogni giorno che passava, a ogni passo che muoveva, la meta era sempre più vicina.

Chiuse le finestre e sedette sulla solita poltrona, inforcò gli occhiali e prese il libro che stava leggendo da giorni: il secondo volume dell'*Uomo senza qualità* di Robert Musil.

Tutto era chiaro nella sua testa e il dado era tratto: per vivere tranquillo doveva assolutamente liberarsi una volta per tutte di quell'assurda faccenda che lo inseguiva da anni e gli condizionava la vita. Doveva uscirne attraverso una sorta di resurrezione.

Andò nell'ingresso e alzò la cornetta del telefono, compose un numero. «Pronto! Giannelli? Sono Tarcisio.»

«Qual buon vento?» la voce calma del *professore* aveva una vaga sfumatura ironica.

«Ecco, avrei bisogno di un altro favore...»

Capitolo 31

Venerdì 5 ottobre, ore 9

Appena arrivato in ufficio, il commissario Maffei corrucciò la fronte: al centro del sottomano di simil pelle marrone c'era un biglietto con su scritta l'ora – le 8.30 del 5 ottobre – e l'indicazione: *Chiamare subito il giudice Repetto.*

Il commissario appese soprabito e cappello all'appendino e sbuffò. Capitava che ogni tanto, durante certe inchieste, il giudice finisse in ansia e lo tampinasse con le sue telefonate di sollecito. Dunque, giornale e caffè d'inizio giornata per il momento erano rimandati.

«Pronto, signor giudice, eccomi!»

«Evviva, Maffei, buongiorno! Ci sono novità?»

La domanda era ampiamente prevista. Maffei si diede una grattata sul capo. «Mah, signor giudice, per ora niente di significativo, salvo la faccenda di una certa rendita a favore dei Marcenaro... Stiamo indagando in più direzioni.»

Il commissario riassunse brevemente le informazioni reperite da Rosati.

«Capisco», commentò il giudice. «E lei cosa intende fare?»

«Niente, signor giudice. Aspetto.»

Dall'altra parte ci fu un breve silenzio e poi un sospiro. «Senta, Maffei, io le sto venendo dietro su un sentiero che, lei lo sa meglio di me, è estremamente scivoloso. Adesso, poi, è saltata fuori anche questa faccenda internazionale. Sono cose delicate e non vorrei che...»

«Stiamo facendo il possibile, signor giudice.»

«Non lo metto in dubbio, ma, francamente, se non salta fuori qualche riscontro oggettivo in fretta... Lei capisce che non possiamo seguitare a correr dietro una sua idea...»

«Campata in aria?» lo interruppe Maffei lasciando andare un sorriso malizioso.

«Non ho detto questo. Ma dovrà pur ammettere che stiamo indagando a seguito di una sua intuizione, una supposizione priva di riscontri.»

«Sono passati pochi giorni, signor giudice.»

«Lo so, ma mi stavo domandando se ha senso...»

«Vede, signor giudice, ci siamo impantanati in un vicolo cieco. Questo caso, visto allo stato attuale delle cose, è destinato a finire tra i casi irrisolti e archiviati. L'unica possibilità è quella di rimescolare un po' le carte, di tentare un'altra strada, sia pure sulla base di una semplice intuizione, o, se vuole, di una supposizione del sottoscritto priva di riscontri, come dice lei. Ma è sempre meglio di niente, non le pare?»

«Sì, ma io le ho firmato un mandato per indagare sul conto di Tarcisio Marcenaro, e Tarcisio Marcenaro non è il sospetto assassino – non lo dimentichi – è il testimone di un delitto. Perciò, se non ne viene fuori qualcosa in fretta...»

«Ha ragione, signor giudice, ma a volte a Roma, invece che con l'autostrada del Sole, ci si arriva anche percorrendo le strade nazionali o, addirittura, le vie dei campi. E così, come per arrivare all'omicida è sempre bene indagare innanzitutto sulla vittima, credo che talvolta non sia un'idea da scartarsi quella di indagare anche sui testimoni, perché quando un testimone come Marcenaro mi dice una cosa che...»

Quando Maffei iniziava a filosofeggiare, il giudice non ce la poteva fare a stargli dietro, gettava regolarmente la spugna.

Dalla cornetta uscì un altro sospiro, più profondo del primo. «Lo so, commissario, me lo ha già detto! Va bene, va bene. Ho capito. Ci risentiamo tra due giorni e se ne riparla. Ma, la prego, nel frattempo lei mi tenga aggiornato e, mi raccomando, con quella faccenda dell'Inghilterra... massima prudenza!»

«Sarà mia cura, non dubiti. Grazie, signor giudice e buona giornata.»

Maffei durante la telefonata era rimasto in piedi accanto alla scrivania, quasi in un atteggiamento deferente verso l'interlocutore. Posò la cornetta, fece un sorriso divertito e, finalmente, si accomodò in poltrona aprendo il giornale.

In definitiva Repetto non aveva tutti i torti: l'inchiesta in pratica non progrediva di un solo passo, e lui si era incaponito, soprattutto per il fatto che Marcenaro gli aveva messo una pulce nell'orecchio.

Ci fu un discreto bussare alla porta e la testa del giovane Busalacchi fece capolino dall'anta socchiusa. «Capo, posso?»

«Mm...» grugnì Maffei. Quella mattina non c'era verso di dare un'occhiata al giornale. «Vieni. Ci sono novità?»

L'ispettore restò in piedi, incrociò le mani dietro la schiena e si piegò lievemente verso la scrivania. «Sì, capo, anche se non so bene a cosa ci possano servire. Ho fatto le indagini che lei mi ha chiesto e ho rintracciato il medico condotto che curava i Marcenaro a Urbe. O meglio, la signora, perché pare che lui godesse di una salute di ferro.»

«Siediti!» intimò Maffei, sbirciandolo di mala grazia da sotto in su. «Lo sai che mi dà noia parlare con la gente che sta in piedi mentre sono seduto.»

Busalacchi obbedì e sedette in pizzo alla sedia. «Si chiama Ferdinando Bosio e adesso esercita a Ovada. A Urbe ci aveva lavorato per sei anni subito dopo la laurea, era molto giovane all'epoca. Adesso deve avere poco meno di cinquant'anni.»

«Si ricorda dei Marcenaro?»

«Perfettamente. Lei era malaticcia e ogni tanto capitava che lo mandassero a chiamare d'urgenza per un malore improvviso. Lui andava, la visitava, rilasciava una ricetta, passava a vederla dopo un paio di giorni.»

«Di cosa soffriva di preciso la signora Marcenaro?»

«Be', capo, il dottor Bosio in sostanza ha confermato quanto detto dal farmacista di Savona: ho faticato a farlo parlare, per via del segreto professionale, ma poi, insomma, sventolando il mandato del giudice qualcosa sono riuscito a ottenere. Ha tenuto a precisare che avrebbe detto soltanto quello che tutti al paese sapevano. Pare che la signora fosse piuttosto mal messa di cuore e soffrisse di idropisia. Infatti nell'estate del 1947, a Urbe, ebbe un attacco grave che la costrinse a passare tutto il mese di villeggiatura senza uscir di casa per non affaticarsi. I vicini andavano a trovarla a turno. Aveva il respiro affannoso, le gambe gonfie e ogni passo le costava fatica. Il medico dice che le aveva prescritto dei farmaci apposta per il cuore: anticoagulanti e diuretici. Poi, già che ero lì e avevo tempo, sono andato a fare un giro a Urbe. C'era stato Rosati, a suo tempo, ma non si sa mai, quattro occhi vedono meglio di due. È a quaranta chilometri di distanza da Ovada, ma vedesse che strada, capo, tutta curve come una matassa di lana ingarbugliata! Ci ho messo quasi un'ora. Insomma, ho di nuovo interrogato un po' di vicini e un'anziana signora mi ha detto – non so se sia vero – che la Marcenaro era anche debole di polmoni, il che secondo lei non semplificava la situazione. Dice che la signora le aveva confidato che da piccola era stata in sanatorio e...»

Maffei socchiuse gli occhi e lo fissò come un cobra avrebbe osservato la preda. «In sanatorio, hai detto? A che età?»

«L'età non la so, capo, non l'ho chiesta, non ho pensato che...»

Il commissario calò una manata sulla scrivania. «Male! Senti di nuovo la vicina. Dove è stata ricoverata?»

«Anche questo la vicina non me lo ha detto.»

«Male! Malissimo!» sbottò di nuovo il commissario. «Quando si assumono informazioni occorre essere precisi. Sei tu che devi fare le domande.»

«Francamente, capo, non pensavo che...»

«Non ti avevo chiesto di pensare, ti avevo chiesto di prendere informazioni! Perbacco!»

«Vado, capo», rispose Busalacchi, con la coda tra le gambe. «Vado subito a chiamare quella donna, ho il numero di telefono.»

«No!» lo bloccò il commissario. «Dammi il numero del

dottor Bosio, invece, che stavolta gli parlo io. Ho qualche domanda da fargli direttamente.»

Il giovane ispettore tornò poco dopo e consegnò al suo capo un appunto col numero del dottore. Aveva un'aria più che mai avvilita e colpevole, si voltò e si affrettò verso l'uscita, ma quando fu sulla porta il commissario lo richiamò. «Ferruccio!»

Era molto raro che il commissario Maffei chiamasse i suoi uomini con il nome di battesimo.

«Senti, Ferruccio, non avertene a male e non far troppo caso a come dico le cose. Lo sai come sono fatto. Alle volte...»

«Ma le pare, capo, non c'è problema. Sono io che ho sbagliato.»

Maffei fece un mezzo sorriso. «Non hai sbagliato niente, anzi, hai fatto un buon lavoro. Solo che non puoi essere nella mia testa e io ti avevo detto cosa dovevi fare, ma non il perché. È colpa mia. È per questo che adesso al dottore gli telefono io, non per levarti il lavoro dalle mani. Capito?»

«Capito, capo.»

Maffei sorrise di nuovo. «Sappi che il giudice Repetto è al corrente di tutto. Io ho le spalle larghe, fin qua ci sono arrivato e anche se faccio una puttanata non mi fanno più fuori nemmeno a cannonate. Voi invece siete giovani, dovete ancora farne di strada e, di certe rogne, meno ne sapete e meglio è. Vedrai che presto, se le cose vanno come penso io, diventerà tutto chiaro. Per tutti.»

Busalacchi uscì rinfrancato e con un briciolo di fiducia in più rispetto a quando era entrato. Maffei sapeva benissimo che, anche quando c'era effettivamente uno sbaglio o una trascuratezza, chi subiva il rilievo non doveva mai andarsene scoraggiato o peggio umiliato, ma sempre con la sensazione di non aver commesso nulla di irreparabile e di poter rimediare migliorando. E, soprattutto, finché gli sbagli erano fatti in buona fede, doveva essere chiaro che la stima e il sostegno del capo non venivano mai meno, anche se ci scappava una sgridata.

Rimasto solo, Maffei alzò la cornetta e compose il numero. «Parlo col dottor Bosio?»

«Sono io. Chi parla?»

«Commissario Maffei della Polizia giudiziaria di Genova. È venuto da lei un mio collaboratore, l'ispettore Busalacchi.»

«Sì, certo.»

«Ecco, volevo farle un altro paio di domande.»

La conversazione fu piuttosto breve, il dottore forniva risposte concise e circostanziate.

«Senta», concluse Maffei, «da indagini effettuate ci risulta che la signora Marcenaro in gioventù è stata in sanatorio. Lei sa dove è stata ricoverata?»

«Uhm. Non so, però mi aveva detto di essere stata mandata a Genova. Credo che a Genova all'epoca ci fosse un solo sanatorio, sulle alture di San Martino.»

Maffei fece una smorfia. «Quanti anni aveva all'epoca del ricovero, lo sa?»

«Di preciso no, ma da quanto affermava doveva essere adolescente, penso quindici o sedici anni, ma potrei sbagliarmi.»

Maffei prese a scribacchiare su un foglietto. «La ringrazio, dottore! E le auguro una buona giornata.»

Il commissario chiuse la comunicazione, si alzò e andò a prendere il faldone del caso Meneghelli. Lo aprì, scartabellò freneticamente tra i numerosi documenti che lo componevano, infine trovò quello che cercava, lo lesse e non trattenne un ghigno diabolico, infine pigiò il pulsante dell'interfono. Finalmente un barlume di concretezza. «Malvezzi, vieni un momento da me, per favore.»

Quando l'ispettore Malvezzi entrò nell'ufficio del capo, lo trovò intento a scrivere fitto su un foglietto che poco dopo gli consegnò.

Un altro *santino*!

«Senti, vai all'ospedale San Martino, alla direzione o all'archivio... vedi tu, e procurami al più presto quelle informazioni.»

Malvezzi inarcò le sopracciglia. «Antonietta Calcagno, capo?»

«Sì, Antonietta Calcagno. Il periodo da esplorare dovrebbe

essere il 1920 o giù di lì. Cerchiamo di fare presto, per piacere! »

« Signorsì, capo. Volo! »

Maffei si appoggiò allo schienale della poltrona e sospirò. Cos'altro poteva fare per il momento? Niente! Non gli restava che aspettare.

Qualcosa in definitiva si stava muovendo e quella sua idea campata in aria, forse forse...

Aprì il giornale e finalmente prese a leggerne i titoli.

Capitolo 32

Sabato 6 ottobre, ore 10.30

Tarcisio Marcenaro, come ogni mattina, aveva fatto quanto era necessario: aveva svegliato, lavato, vestito e trasferito Antonietta sulla sedia a rotelle, l'aveva portata in cucina e le aveva servito la colazione aiutandola amorevolmente, infine l'aveva piazzata, come di consueto, davanti alla porta-finestra del giardino, in salotto.

Queste azioni quotidiane Tarcisio le portava a termine canticchiando sommessamente qualche bel motivetto allegro, cosa che accadde anche quel giorno.

«Ecco, cara. La giornata non è brutta e qui sei vicina al termosifone, così non avrai freddo.»

«Ma io voglio andare a Triora!»

Tarcisio levò gli occhi al cielo. Rieccola la storia di Triora!

«Sì, cara», rispose con pazienza. «Ci andiamo presto, vedrai, ma non oggi.»

«Quando mi ci porti?»

«Domani, cara. Oggi dobbiamo andare dal dottore.»

Quando mai sarebbe finita quella benedetta storia?

Si era sistemato sulla solita poltrona e aveva aperto il giornale – appena comprato all'edicola in piazza, come ogni mattina – e stava leggendo attentamente la pagina dedicata alla politica nazionale.

Lungo il tragitto si era comportato normalmente, con perfetta disinvoltura. Non aveva ceduto nemmeno una volta alla tentazione di sbirciare alle proprie spalle, non si era mai fermato a guardare una vetrina. Solo una volta giunto davanti all'edicola, mentre era in fila ad aspettare il proprio turno, si era guardato attorno e gli era sembrato di scorgere il suo uomo tra i passanti, davanti alla pasticceria, ma aveva subito distolto lo sguardo.

La camera da letto era in perfetto ordine ora, così come anche il resto della casa: i mucchietti di indumenti erano spariti, le due valigie di cuoio si trovavano, chiuse, sempre nello stesso angolo. In giro non c'era più traccia di documenti.

Era più tranquillo adesso, ma non del tutto tranquillo come avrebbe voluto essere, perché, prima di poter agire per davvero, doveva ancora concretizzarsi un passaggio fondamentale che lui non era in grado di controllare: poteva solo fidarsi e aspettare.

Chiuse il giornale, si alzò, andò in camera da letto e scostò la tendina della finestra che affacciava sulla strada. Era diventato una specie di riflesso automatico, ormai, come il colpo di tosse a intervalli regolari di chi ha la bronchite cronica e finisce per tossire anche se non ne ha bisogno.

Scrutò fuori, passò in rassegna a una a una le automobili parcheggiate lungo il marciapiede opposto, esplorò con lo sguardo tutte le porte e porticine alte a basse, nel raggio della sua visuale, che si aprivano nel retro delle prospicienti case di via Paglia – la parte più antica di Sestri – e non vide nessuno che potesse interessargli. Scosse il capo e tornò a sedersi in salotto, riprese il giornale.

Sapeva benissimo che quelle sbirciate ossessive alla via erano perfettamente inutili: il suo nemico poteva essere rimpiattato ovunque e, sicuramente, non di fronte alle sue finestre. Non di giorno, quanto meno. Il giorno in cui ciò fosse accaduto, la sfida sarebbe stata plateale e ad armi scoperte, avrebbe significato che le sorti erano segnate, la caccia finita e la resa dei conti prossima. Non era ancora il momento e non era affatto scontato che quel momento sarebbe arrivato. Tuttavia, così facendo, se non altro aveva la sensazione di fare qualcosa, quel che poteva, per interrompere l'attesa snervante e passiva che lo imbullonava alla poltrona.

Fu in quel frangente che lo squillo del campanello lo paralizzò per un attimo. Si riscosse, posò il giornale e andò alla porta. «Chi è?»

«Postino! Raccomandata per il signor Marcenaro.»

Guardò dallo spioncino: davanti alla porta vide i lineamenti deformati dalla lente di un uomo in divisa delle Poste, ma non era il solito postino.

Aprire o non aprire?

Aprì.

L'uomo gli presentò un registro e gli porse una penna a sfera. «Ecco, firmi qua, dove c'è la croce.»

Marcenaro firmò e il postino gli consegnò una busta marroncina; il mittente: Gioacchino Zanassi, via Borgo degli Incrociati 7r.

Mittente e indirizzo gli erano del tutto sconosciuti. Ci pensò su un attimo rigirandosi la busta tra le mani, poi sorrise. Probabilmente sia il nominativo che l'indirizzo erano inventati di sana pianta e non significavano nulla.

Chiuse la porta e si accorse che, mentre rimetteva il catenaccio, le mani gli tremavano un poco: da quel pacchetto dipendevano molte cose. Andò nella sua stanza e posò la busta sul letto. Non la strappò, non ne lacerò un lembo insinuando il dito sotto la linguetta di chiusura. La fissò ancora per qualche istante con uno sguardo del tutto inespressivo, da giocatore di poker, poi andò a prendere un tagliacarte nel cassetto del comò. Afferrò la busta e si sedette sulla poltroncina, la aprì con calma, con movimenti controllati e precisi, il volto impassibile. Come prevedeva dentro non c'era alcuna missiva. Ne estrasse un libretto dalla copertina di cartone. Lo sfogliò rapidamente e fece un sorriso di trionfo.

Bene! Le cose finalmente si stavano muovendo.

D'ora in poi lo sviluppo della situazione dipendeva soprattutto da lui e la partita contro il suo nemico era di nuovo aperta. Adesso si trattava di giocarsi bene il fattore sorpresa.

Capitolo 33

Sabato 6 ottobre, ore 10.30

Di sabato, normalmente, il commissario Maffei non andava in ufficio, a meno che qualcosa di eccezionale non bollisse in pentola. In effetti quel sabato non c'erano particolari sviluppi che richiedessero la sua presenza, e la maggior parte delle azioni eventualmente necessarie per il caso che stava seguendo avrebbe potuto benissimo sbrigarle per telefono.

Tuttavia, non aveva niente di speciale da fare: aveva consumato la colazione con la moglie, si era piazzato nel salotto, che fungeva anche da sala da pranzo, e aveva letto il giornale con tutta calma, poi aveva fumato una sigaretta. Adesso, da un'altra stanza, gli giungeva il ronzio fastidioso della lucidatrice, il rumore di un mobile trascinato e la voce della moglie che cantava a squarciagola *Tipitipitipso col calipso*. Maffei ebbe un moto di stizza e chiuse il giornale, fece una smorfia di disgusto, si alzò di scatto, scostò la tenda e diede un'occhiatina fuori. Si rese conto che era una bella giornata ventosa, di sole. Dal suo appartamento di quattro stanze, nel quartiere di San Teodoro, si vedevano il porto, il mare, la lanterna. Così gli prese l'uzzo di uscir di casa e, poiché non era uomo da andare a passeggio ai giardini pubblici o, peggio, nelle vie degli acquisti del sabato, pensò di andare nell'unico posto che gli veniva in mente lì per lì: in ufficio.

Alzò la cornetta e compose il numero. «Pronto!»

Rosati riconobbe subito la voce. «È lei, capo?»

«No. Sono mio fratello Michele!»

«Mi scusi, io...»
«Be', mi fai sempre certe domande cretine... certo che sono io, chi vuoi che sia? Volevo sapere se sei in ufficio.»
«Sì, capo, sono di turno. Ieri sera l'ho cercata, sa, sono arrivato tardi dalla missione e lei era già andato a casa e così ho pensato di chiamarla stamattina.»
Maffei aggrottò la fronte e guardò l'orologio. «Sì, ma poi non mi hai mica chiamato.»
«Non ancora, capo. Aspettavo...»
«Cosa aspettavi? Che mi rompessi le scatole di stare in casa e uscissi, così non mi avresti trovato?»
«No, capo. Io...»
«E che diamine! Chi perde la mattinata ha perso la giornata, andiamo!» Maffei prese un sospiro profondo e si calmò subito. «Va be', lasciamo perdere. Ci sono novità?»
«Poco e niente, capo, non so quanto possa servire.»
«Sei in ufficio più tardi?»
«Non mi muovo.»
«Va bene. Meno di mezz'ora e sono lì, così mi racconti.»
«Se vuole le racconto per telefono...»
Maffei si diede un'occhiata furtiva alle spalle e abbassò la voce. «No. Preferisco venire lì. Aspettami.»
La moglie si affacciò all'uscio del salotto con un fazzoletto in testa, strofinandosi le mani nel grembiule. «Ma come, Carlo? Anche oggi?»
Come diavolo avesse fatto, con quel fracasso, a sentire quello che aveva appena detto al telefono era un mistero, eppure lo aveva sentito o, quanto meno, lo aveva indovinato.
Allargò le braccia levando gli occhi al cielo. «Eh, che ci vuoi fare, cara? È il dovere che chiama. Un impegno urgente. Sembra proprio che ci siano novità.»
«Il caso della morta ammazzata di Sestri o i rapinatori delle gioiellerie?»
«La morta ammazzata.» Maffei non parlava quasi mai di lavoro con la moglie e tagliò corto. «Devo andare a sentire un rapporto importante. Forse le cose si muovono», mentì.

«E non puoi sentirlo per telefono, il rapporto importante?»

Nel frattempo il commissario aveva guadagnato l'ingresso, aveva indossato il suo solito soprabito – un vecchio *trench* che metteva anche col sole – e si era ficcato in testa il cappello. «Be', sai com'è, di persona è tutta un'altra cosa!»

«Ma torni per il pranzo?»

«Certo che torno. Cosa c'è di buono?»

«Pasta in brodo e bistecchina ai ferri con l'insalata.»

«Magnifico!» Maffei, nell'intimo del suo cuore, tirò uno di quei bei moccoli di soddisfazione, talmente vibranti da scurire il sole e far oscillare il lampadario, quindi baciò la moglie sulla fronte e infilò subito le scale, come fosse stato in forte ritardo o, forse, come stesse scappando da un grave pericolo.

«Su, racconta.»

Rosati fece spallucce, con un'aria modesta. «Poca roba, capo. Come le dicevo, non era il caso che si scomodasse.»

«Pensa agli affari tuoi e spiffera!»

«Va bene. Intanto andare e tornare è stato più lungo del previsto. Vedesse che strada! Tutta una curva. Per quello ieri sera ho fatto tardi. Però ho trovato una trattoria, dove fanno certi ravioli, che...»

A Maffei vennero in mente la pasta in brodo e la bistecchina ai ferri. «Vieni al dunque», tagliò corto.

Il giovanotto si mise comodo. «Guardi, capo, i Marcenaro a Triora pare proprio che non ci abbiano mai messo piede e nessuno si ricorda di Antonietta Calcagno Marcenaro. Sono stato anche in comune: niente di niente!»

«Mm...»

«Però sono andato a sfrucugliare un po' in giro, come mi ha chiesto lei. Il paese è piccolo e...»

«Hai chiesto se accanto alla chiesa ci abitava una con due fratelli?»

«Sì. Effettivamente è venuto fuori che, tanti anni fa, in un basso proprio accanto alla chiesa, praticamente uno scantinato di proprietà della parrocchia, ci abitava una famiglia disastrata: una donna con quattro figli, due maschi e due femmine.»

«Che fine hanno fatto?»

«La madre è morta all'improvviso. I figli sono rimasti lì ancora un po' e poi sono spariti. Nessuno ne sa niente. Ho parlato anche con il parroco, ma quello dell'epoca è morto.»

Maffei ebbe un moto di stizza. «Be', ma hai detto che sei stato in comune, o no?»

«Ci sono stato, capo. Ci arrivo. Sono stato all'anagrafe. È stato un lavoro lungo anche perché c'è una vecchia impiegata mezzo sorda che si è messa a scartabellare migliaia di schede. In effetti, in quello scantinato, all'epoca risulta domiciliata una certa Caterina Lavagetto, una poco di buono che non si sa bene da dove venisse, con quattro figli. I figli portavano il suo stesso cognome, il che, capo, lei capisce bene cosa vuol dire...»

«Vai avanti!»

«Sembra che racimolasse qualche soldo facendo un numero di contorsionismo ai cerchi nelle osterie, nei paesi della vallata. Ho chiesto in giro e qualche vecchio dice che la chiamavano Rina e forse apparteneva a una famiglia di circensi originaria di Imperia, andata in rovina. Ma non ho potuto verificare.»

Maffei si diede una grattata in testa. «Mm. Fino a quando se ne hanno notizie?»

Rosati consultò diligentemente gli appunti. «Caterina Lavagetto è morta nel 1915.»

«E poi?»

«Poi per un po' i figli hanno continuato a vivere a Triora, arrangiandosi. Si chiamavano Giuseppina, la maggiore, sedici anni, Maria Concetta quattordici, Giovanni nove e Battista cinque. Le ragazze sembra che facessero dei servizi in paese per la famiglia del sindaco – che era anche il geometra del comune – e per la maestra elementare, ma ormai non c'è più nessuno. I bambini più piccoli rubacchiavano negli orti. Sono rimasti lì sino alla fine della guerra, nel 1918, poi, sono spariti da un giorno all'altro. Pare che non pagassero la misera pigione da almeno due anni, ma il parroco li teneva per opera di misericordia.»

Maffei assunse l'espressione svagata che gli era solita quando cadeva nelle sue misteriose elucubrazioni.

«Mi spiace, capo, è stato praticamente un buco nell'acqua.»

«Meno di quanto pensi. Forse, forse...»

«Cioè, capo?»

Maffei fece un gesto vago con la mano. «Niente. Senti, mettimi giù un bel rapporto ben particolareggiato, che voglio ragionarci per benino.»

Rosati non capiva su cosa volesse ragionare il commissario, ma conoscendolo bene si rese conto che era meglio levare le tende. «Vado, capo. Vado subito a preparare il rapporto.»

Maffei, rimasto solo, si alzò, andò a piazzarsi davanti alla finestra con le braccia dietro la schiena, la testa incassata nelle spalle, il collo corto e rubizzo che, visto da dietro, formava una specie di salsicciotto grasso. Guardava le auto sfilare lontano, sul viale, come fossero una fila di formiche laboriose, le nuvole bianche passavano veloci, trascinate dal vento, e a tratti oscuravano il sole.

Intanto ragionava. E, come a un monello scapestrato, gli venne la voglia di fare un bello scherzo.

Capitolo 34

Sabato 6 ottobre, ore 23

Tarcisio Marcenaro era più tranquillo. I pezzi del suo puzzle, a uno a uno, si erano incastrati e adesso non gli restava che far passare alcuni giorni, tenendo ogni cosa in equilibrio, poi, finalmente, avrebbe potuto agire, sferrare la controffensiva.

Anche quella giornata volgeva tranquillamente al termine, dunque. Aveva messo a letto Antonietta, era uscito a fare la solita breve passeggiata e adesso si preparava a coricarsi.

Aveva appena abbassato le bretelle quando un breve squillo di campanello lo fece trasalire.

Erano le undici!

Quando mai qualcuno aveva suonato alla sua porta a quell'ora? Perché?

Attenzione!

Ebbe subito un brutto presentimento e, fin da quel momento, accettò ogni cosa come un passaggio inevitabile del percorso che aveva previsto.

Si rimise le bretelle e andò nell'ingresso, accese la luce. Percepì solo un leggero fruscio e vide qualcosa di bianco che si insinuava sotto la porta e si allungava sul pavimento. Questo non se lo aspettava. Restò immobile per un istante di troppo, sconcertato, poi si slanciò verso la porta e incollò lo sguardo allo spioncino: la luce sul pianerottolo era accesa, ma non si vedeva anima viva. Allora si precipitò in camera da letto, spalancò la finestra e guardò fuori, a destra e a sinistra: nessuno. Come sempre, abbassò gli sportelli delle persiane e tornò nell'ingresso.

Prese la busta che giaceva sul pavimento e tornò in camera, si lasciò cadere sulla poltroncina. Aveva il respiro affannoso.

Calma!

Aprì la busta e spiegò il foglio che c'era dentro: «SEI ARRIVATO IN FONDO AL SENTIERO. NON HAI PIÙ SCAMPO. A DOMANI!»

La faccenda, in parte, gli stava sfuggendo di mano. Era un bluff, oppure il suo nemico era più astuto di quanto avesse pensato?

Non era nelle condizioni di verificarlo.

Le mani presero a tremargli. Questo messaggio cambiava ogni cosa e lui avrebbe dovuto mutare un'altra volta il suo programma, alla svelta. Non poteva più aspettare che i giorni passassero, come aveva creduto: gli eventi stavano precipitando e *domani* era un'indicazione precisa.

Andò in cucina e bevve avidamente un bicchiere d'acqua, poi tornò in camera e spense la luce. Si lasciò cadere di nuovo sulla poltroncina e restò immobile nel buio, mentre il cervello lavorava a grande velocità.

Qualche secondo dopo che la busta era stata infilata sotto la porta, aveva guardato dallo spioncino e sul pianerottolo non c'era nessuno. In strada non c'era nessuno, dal portone nessuno era uscito. L'unica possibilità era che il suo persecutore si fosse nascosto di fianco alla porta o che, anziché uscire in strada, fosse salito di un piano. Magari era ancora acquattato nelle scale. Sperava forse che lui aprisse la porta?

No, non avrebbe aperto. Però, arrivati a quel punto, doveva districarsi dalla trappola, anticipare la prossima mossa, ma non subito, occorreva che passasse qualche ora.

Di ore ne lasciò passare quasi quattro e chi lo avesse visto così, seduto, immobile, al buio, con gli occhi chiusi e le gambe allungate, avrebbe potuto pensare che dormisse profondamente o addirittura che fosse morto.

Invece non dormiva, anche se a tratti piombava in una sorta di torpore, una specie di dormiveglia e, forse, talvolta, era anche scivolato nel sonno per alcuni minuti. Ogni tanto guardava la sveglia, dalle lancette fosforescenti che avanzavano sul quadrante con una lentezza esasperante.

Alle tre meno un quarto si riscosse, si alzò, andò nella camera di Antonietta e la guardò: dormiva tranquillamente, con un respiro pesante e regolare. Quindi tornò in camera sua, aprì il cassetto del comò e ne estrasse un libretto verde che infilò nella tasca della giacca e un fascio di grosse banconote, che distribuì in alcune tasche, nelle scarpe, nella biancheria. Chiuse tutte le porte che si aprivano sull'ingresso, poi accese la luce: da fuori non si sarebbe visto nulla poiché l'ingresso non aveva finestre. Si mise davanti allo specchio e si annodò la cravatta, indossò il gilet e la giacca, quindi la sciarpa di seta, che sistemò con cura, il soprabito, i guanti di pelle e il cappello, infine spense la luce e tornò in camera dove afferrò una delle due grosse valigie di cuoio: quella pesante. Andò in cucina e, senza accendere la luce, aprì la porta-finestra del giardinetto, uscì.

Di passare attraverso la porta di casa e il portone non se ne parlava nemmeno: sarebbe caduto in bocca al lupo come un perfetto idiota.

Faceva fresco. Rabbrividì un attimo, forse per la tensione, e scese i quattro gradini. La ghiaia scricchiolò debolmente sotto le suole. La luce della strada, schermata dal rampicante che copriva la cancellata, non riusciva a fendere l'oscurità quasi assoluta. Passò accanto al tavolino e alle seggiole di ferro, sotto il nespolo. Ne afferrò una e la accostò alla cancellata che separava il suo giardinetto da quello della signora Rossi.

Salì sulla sedia, issò la valigia e le fece scavalcare le punte di ferro, poi la mollò. La pesante valigia cadde dall'altra parte con un tonfo sordo e lui rimase immobile nell'oscurità per qualche secondo, col fiato sospeso. Troppo rumore!

Poi si aggrappò alla sommità, puntò un piede, l'altro, in un attimo si trovò in cima, a cavalcioni della cancellata: il soprabito lo impacciava alquanto, doveva fare attenzione che non si impigliasse nelle punte acuminate. Scese dall'altra parte con una certa facilità, raccattò la valigia e restò in ascolto per qualche istante: nessun rumore. Allora attraversò il giardino della signora Rossi con cautela e ripeté l'operazione con la cancellata che dava sulla strada alle spalle del palazzo, ma questa volta fu più complicato perché si issò insieme alla valigia, reggendosi con una mano sola e, una volta in cima, prima di calare la valigia nella strada si guardò attorno a lungo, per sincerarsi che non ci fosse nessuno in vista.

Finalmente si ritrovò sul marciapiede. Si rassettò il soprabito, sistemò la sciarpa che era scivolata di traverso, si guardò attorno per l'ennesima volta e aspettò che il respiro tornasse regolare, quindi afferrò la valigia e prese a camminare in via Fabio da Persico verso levante, a passi svelti: in strada non si vedeva anima viva, non passavano automobili. Doveva arrivare sulla piazza del teatro Verdi, girare a destra, raggiungere piazza Baracca e sperare di trovare un taxi in servizio notturno, fermo al posteggio. In caso contrario avrebbe dovuto aspettare il passaggio del tram 1 che, di notte, partiva ogni ora dal capolinea di Voltri. Guardò l'orologio: le tre e quattordici minuti, sarebbe passato nel giro di venti minuti circa.

Aveva ripreso a camminare a passo spedito, ma quando arrivò sulla piazza del teatro capì di aver commesso un errore: la valigia era troppo ingombrante e troppo pesante, e lui aveva già dovuto rallentare notevolmente la marcia, aveva il fiatone e, a intervalli sempre più ravvicinati, si passava la valigia da una mano all'altra. D'altronde non era più un giovanotto.

Un guardiano notturno faceva il suo giro d'ispezione e si chinava a infilare un foglietto, che certificava l'avvenuto controllo, sotto ogni serranda. Lui gli passò accanto cercando di mantenere il portamento il più eretto, impettito e naturale possibile. Quello gli lanciò un'occhiata distratta e proseguì il proprio lavoro, fischiettando.

Passo dopo passo superò ansando la piattaforma rialzata del Circolo della musica – col busto in bronzo di Casimiro Corradi – e si inoltrò sotto i platani della piazza grande, dominata dall'imponente facciata della basilica dell'Assunta. Con grande sgomento, fin da lontano, si rese conto che di taxi non c'era nemmeno l'ombra.

Maledizione!

Avrebbe aspettato un po' – questione di minuti – poi, se nessuna auto fosse arrivata, sarebbe andato in via Ciro Menotti ad aspettare il tram, ma la cosa non gli garbava; avrebbe preferito di gran lunga il taxi.

Posò la valigia e guardò di nuovo l'orologio: le tre e venti minuti.

Fu in quel momento che gli parve di percepire un rumore di passi alle sue spalle. Una scarica di adrenalina gli si riversò nel sangue.

Riprese a camminare a falcate sempre più brevi e più veloci, il busto inclinato sul lato ove reggeva la valigia, che a ogni passo gli sbatteva nella gamba. In quel momento ebbe la forte tentazione di abbandonarla sul marciapiede, quella maledetta valigia.

Si guardò di nuovo attorno, disperato: nessun taxi in arrivo e, dietro di lui, la sagoma scura di un uomo in impermeabile e cappello, a una quindicina di passi.

Era lui!

Cosa poteva fare?

Prese atto che l'operazione era ormai compromessa e nulla stava andando secondo i suoi piani. Per la prima volta fu assalito dal panico.

Possibile che tutto andasse storto in quel modo? Che la partita fosse persa così miseramente, così in fretta? Che il suo aguzzino avesse previsto le sue mosse fino a quel punto?

Eppure evidentemente era così.

L'ultima lettera del resto diceva «a domani», e lui si rese conto all'improvviso che era già domani.

Perse la testa. Mollò la valigia e prese incongruamente a correre in direzione di via Ciro Menotti, non sapeva nemmeno lui perché. Dopo un po' si fermò a riprendere fiato, portandosi la mano al petto, dove sentiva il cuore battere all'impazzata. Anche l'uomo che lo seguiva si fermò, come un predatore sicuro che la vittima non gli sarebbe potuta più sfuggire. Il tram non sarebbe arrivato che dopo alcuni minuti, ma il suo inseguitore gli avrebbe impedito di prenderlo: ormai era spacciato. Tuttavia, in un irrazionale istinto di conservazione riprese a correre, stravolto, lungo il fianco della basilica, una fuga del tutto folle e, a quel punto – lo sapeva anche lui – perfettamente inutile.

I passi alle sue spalle avevano accelerato, l'uomo che lo inseguiva aveva preso a correre a sua volta; la distanza diminuiva.

Possibile che la sua vita potesse franare così stupidamente, in pochi minuti?

Stava per giungere alla fine della basilica, quando, dall'angolo di via Ciro Menotti, sbucò un'altra figura: un uomo tarchiato con un impermeabile stretto in vita e un cappello floscio gli si parò davanti a gambe larghe e mani in tasca, piantato sul marciapiede come un paracarro di granito. Non ne scorgeva gli occhi, oscurati dalla tesa del cappello, ma la bocca si storceva in un inequivocabile, beffardo sorriso. Estrasse la mano dalla tasca: impugnava una pistola.

Tarcisio Marcenaro si voltò indietro: l'altro uomo era fermo a cinque metri da lui e lo fissava, reggendo la sua valigia.

Si voltò di nuovo verso l'uomo tarchiato che gli sbarrava la strada, aprì la bocca, spalancò gli occhi... «No!» gli parve di gridare, ma dalla gola gli uscì solo un debole verso, rauco e strozzato.

L'uomo fece due, tre passi, si avvicinò. Spinse indietro il cappello.

«Se lo aspettava, vero?»

«Io...»

«Tarcisio Marcenaro, lei è in arresto per gli omicidi di Rosa Meneghelli e Luigi Piccardo!» scandì il commissario Maffei con voce tagliente.

L'ispettore Rosati si avvicinò e gli afferrò un braccio torcendoglielo dietro la schiena, un'auto si accostò al marciapiede e si fermò: ne scesero l'ispettore Busalacchi e l'ispettore Malvezzi, ci fu una rapida perquisizione. «È pulito, capo.»

«Meglio così.» Maffei rimise l'arma in tasca.

Marcenaro lasciò andare un lungo sospiro e si afflosciò come un palloncino che si sgonfia. Fece spallucce, puntò sul commissario il suo sguardo azzurro e limpido, dall'espressione quasi infantile, e sorrise rassegnato.

«Mi metterete le manette?»

«No, se non farà mosse avventate.»

«Parola mia.»

«Allora siamo intesi», replicò Maffei con tono indifferente.

Era tutto finito.

Tarcisio Marcenaro si chinò e salì in macchina. Dietro di lui salì l'ispettore Rosati, Malvezzi salì dall'altro lato, Busalacchi si mise al volante e Maffei si accomodò davanti, accanto all'autista.

Gli sportelli sbatterono e l'auto si staccò lentamente dal marciapiede.

PARTE QUINTA

Dove tutto si spiega

Capitolo 35

Domenica 7 ottobre, ore 11.30

«Si accomodi, Maffei!»

Il giudice istruttore Onorio Repetto sedette alla scrivania, sulla quale campeggiava un faldone gonfio di documenti, e scrutò il commissario con uno sguardo tra il divertito e il curioso: il poliziotto aveva l'aria esausta, il colletto sbottonato e la cravatta di traverso. Aveva passato la notte in ufficio.

Il giudice conosceva il commissario Maffei da molti anni, erano coetanei e si poteva dire che, professionalmente, erano cresciuti insieme. Onorio Repetto aveva grande stima per quell'uomo anziano, grassoccio, dall'aspetto trasandato e le cravatte impataccate, che però a volte aveva intuizioni straordinarie.

«Dunque è finita?» chiese sommessamente.

Maffei sospirò. «Sì, signor giudice, è finita. Al principio ha tentato di tener duro, ma poi, in quasi sei ore di interrogatorio pressoché ininterrotto, ha vuotato il sacco dalla a alla zeta. Adesso è tutto chiaro, fin nei minimi dettagli.»

Il giudice si sporse sulla scrivania, sorridendo maliziosamente. «Bel lavoro, commissario! Ma... mi dica un po': come c'è arrivato?»

Il commissario si strinse nelle spalle. «Eh, be', signor giudice, è il nostro mestiere.»

Repetto ammiccò, strizzando un occhio. «Diciamo... ispirazione?»

Maffei si schermì. «Non esiste l'ispirazione. Esistono solo l'esperienza e il lavoro quotidiano.»

«Adesso si sminuisce, lei è partito da un'intuizione sulla quale io non avrei scommesso un centesimo.»

«Sono realistico. E poi anche stavolta c'è voluta un po' di fortuna.»

«Cioè?»

Maffei si mise comodo e accese una sigaretta. «Quella spintarella che a volte il caso dà agli eventi. Vede, qui siamo davanti a un criminale freddo, lucido, calcolatore e senza scrupoli – in buona sostanza lo definirei un amorale – che in tutta questa faccenda ha dimostrato un'abilità e una capacità di improvvisare straordinarie, prendendo quasi sempre le decisioni giuste in pochi secondi. Ma ha commesso un errore. Un errore piccolo, se vogliamo, anzi piccolissimo, che però gli è stato fatale. Difatti, in questa storia c'era un dettaglio che non mi quadrava fin dal principio, un campanello di allarme che mi era suonato in capo durante gli interrogatori, subito dopo l'omicidio Meneghelli. Gliela farò breve, signor giudice. Quando interrogai Marcenaro il 16 settembre, lui dichiarò – ed è a verbale – di essere sceso dal treno alle 16.40 circa e che, quando ha preso il sottopasso ed è sbucato al binario 1, il treno da Ventimiglia era appena arrivato. Dichiarare questo era necessario per giustificare il suo racconto successivo, cioè che si trovava alle spalle della Meneghelli e che aveva assistito all'uccisione della donna a opera dell'uomo con l'impermeabile scuro.»

«Invece non era così?»

«No, signor giudice. È stato proprio questo il punto... il buco che mi ha fatto intravvedere un possibile diverso cammino investigativo. Perché, vede, i due treni non arrivavano contemporaneamente. L'avevo notato la sera del delitto, leggendo sovrappensiero il tabellone degli arrivi, ma poi me ne sono dimenticato. In seguito l'ho appurato semplicemente consultando l'orario ferroviario, infine me lo ha confermato il capostazione. Quel pomeriggio entrambi i treni erano in lieve ritardo, ma l'accelerato da Genova Brignole è arrivato alle 16.35, mentre il diretto da Ventimiglia è arrivato alle 16.51.»

«E quindi?»

«E quindi la prima affermazione di Marcenaro, cioè che una volta sceso dal treno si era trovato a uscire dalla stazione alle spalle di Rosa Meneghelli non stava in piedi, perché il diretto da Ventimiglia era arrivato ben sedici minuti più tardi del treno di Marcenaro. Quindi, o la Meneghelli non era arrivata con quel treno, oppure Marcenaro non diceva la verità.»

«Già, un errore grossolano», fece il giudice meditabondo.

Maffei assunse un'espressione perplessa. «Be', grossolano mica tanto. Con tutto il rispetto avrei voluto vedere lei, signor giudice. La versione ha dovuto metterla insieme in quattro e quattr'otto, dopo che è andato a sbattere contro l'auto dei Tagliafico e, per conseguenza, è rimasto subito invischiato nella faccenda. È stato un caso, senza il quale di lui non avremmo mai saputo nulla, nemmeno che si trovava nei paraggi. Capisce?»

«Sì», fece il giudice Repetto. «Capisco. In effetti era un dettaglio da niente, al quale nessuno avrebbe dato peso.»

«Infatti. Marcenaro contava sul fatto che nella confusione nessuno avrebbe verificato proprio quel particolare. Invece la faccenda ha cominciato a girarmi nel cervello. Ho provato a interrogare di nuovo Marcenaro su quel punto e lui, precisissimo come era stato fino a quel momento, proprio su quel dettaglio disse di non ricordare. Perché?» Maffei fece un sospiro e piantò i suoi occhi sporgenti in faccia al giudice. «Per mentire su quel particolare, un motivo doveva pur esserci. E allora mi sono domandato se tutta la ricostruzione della scena del delitto non fosse una messinscena, una sorta di gioco di specchi. E ho preso a considerare la faccenda da un altro punto di vista. Cioè, la deposizione di Marcenaro, il solo testimone diretto, era giusta fin nei minimi particolari tranne sul fatto che, in realtà, per trovarsi alle spalle della Meneghelli, lui doveva aver aspettato l'arrivo del treno da Ventimiglia per ben un quarto d'ora. Dopodiché era stato lui a strangolarla. Ma non tutte le ciambelle riescono col buco.»

«Luigi Piccardo?»

«Sì, lui. Un mezzo scemo. Marcenaro prima di agire si era

assicurato che attorno non ci fosse nessuno, ma Piccardo doveva essere andato alla latrina dietro la pesa pubblica ed è sbucato all'improvviso nel momento in cui Marcenaro uccideva Rosa Meneghelli. Aveva assistito al delitto, si erano guardati, ma Luigi Piccardo non aveva detto niente e se ne era andato. Poco dopo, però, era tornato e aveva fissato Marcenaro con uno sguardo eloquente, senza aprire bocca. Marcenaro aveva capito che se non parlava in quel momento non avrebbe parlato neppure dopo, ma nello sguardo aveva letto una minaccia. Capì che probabilmente quell'uomo lo avrebbe ricattato. Credo che abbia deciso in quel momento, da criminale senza scrupoli qual è, di farlo fuori al più presto. Non poteva lasciar vivo un testimone del suo delitto.»

Il giudice si diede una grattata in testa. «Ma scusi, commissario, come faceva Marcenaro a sapere che la Meneghelli non avrebbe aspettato il semaforo e avrebbe preso proprio quella strada, costeggiando la stazione?»

«Non lo sapeva, infatti. Glielo ho detto che era in grado di prendere decisioni in una frazione di secondo. Doveva impedire alla Meneghelli di andare a trovare la moglie...»

«Perché?»

«Glielo spiego tra un attimo, signor giudice. Dicevo, doveva fermarla a tutti i costi. L'avrebbe aggredita alla prima occasione, magari nel portone di casa, o forse addirittura in casa, chissà, ma l'occasione buona gli si è presentata quasi subito, fuori della stazione, in quell'angolo buio e deserto, e lui l'ha colta al volo. Non fosse stato per Piccardo... la domenica di lì non ci passa nessuno e chissà quando sarebbe stato ritrovato il cadavere. Ma veniamo al movente. Si metta comodo, signor giudice, perché è una storia lunga, che comincia a Bordighera, nel 1931, il giorno del matrimonio di Tarcisio Marcenaro con Antonietta Calcagno. Per un banale contrattempo che non le sto a raccontare i due passano la prima notte di nozze in un albergo di gran lusso, l'Hotel Italia. Nella suite accanto alla loro camera, alloggiano un certo Lord Charles C.R. Stewart, un ricchissimo aristocratico inglese proprietario di un paio di fonderie e di una compagnia di navigazione, e sua moglie Lady Constance. La coppia ha un neonato di due mesi che, quel pomeriggio, rischia di strozzarsi a causa di un rigurgito di latte. La madre, sola in camera e terrorizzata, bussa alla porta accanto, stringendo il bambino ormai cianotico.»

Maffei fece una pausa e sorrise. «I casi della vita sono strani: nella stanza accanto, dietro la prima porta che era capitata a tiro della donna in preda al panico, c'era Antonietta Marcenaro, infermiera specializzata che lavorava al reparto maternità dell'ospedale di Savona, la quale capovolge il bambino e riesce a fargli sputare il grumo di latte che lo soffocava, salvandolo.»

«Ma questo cosa c'entra con gli omicidi?»

Maffei sorrise di nuovo, bonario. «Ancora un attimo di pazienza, signor giudice. I due ricchi inglesi furono molto generosi e assegnarono ad Antonietta Marcenaro una rendita rivalutabile, vita natural durante, non indifferente. I Marcenaro a quel punto campavano bene, lui aveva il suo stipendio e la rendita inglese permise loro di comprare l'appartamento di Savona e perfino una bella casa in campagna, a Urbe. Gli anni passavano tranquilli. Un piccolo inciso: a Savona i Marcenaro avevano incontrato più volte una balorda che viveva di accattonaggio e vari espedienti, una che al pomeriggio chiedeva spiccioli ai passanti in via Paleocapa. Era malconcia, ma aveva colpito i Marcenaro perché mostrava una certa somiglianza con la signora Antonietta: si sarebbero potute dire sorelle, a volte capita. Quando, durante una villeggiatura a Urbe, la moglie muore all'improvviso per un attacco di cuore, Marcenaro si vede franare la terra sotto i piedi: con la morte della moglie la rendita inglese viene a cessare e lui non intende rinunciarvi. Allora interviene la capacità di Tarcisio Marcenaro di assumere decisioni improvvise e temerarie: non dice niente a nessuno e per prima cosa abborda la mendicante. Le offre una vita comoda, tranquilla, perfino agiata, in cambio lei deve far finta di essere sua moglie. La donna accetta. A quel punto lui seppellisce la moglie nel giardino della casa di campagna. Ben presto, però, si accorge che la donna non è a posto con la testa, inoltre la somiglianza, ovviamente, è piuttosto sommaria: nonostante i capelli tinti e tagliati come quelli di Antonietta e gli abiti giusti, chiunque avesse conosciuto da vicino Antonietta Marcenaro non ci sarebbe cascato. Perciò isola la moglie dichiarandola gravemente malata. Da quel momento, a Savona, la donna non esce più di casa e nessuno la incontra più per un paio di mesi. Si vedeva ogni tanto sul balcone e da lontano la somiglianza reggeva. Dopodiché, in breve, Marcenaro si fa trasferire a Genova, dove nessuno li conosce. Vende la casa di Urbe e taglia i ponti con quanti frequentavano lui e la moglie. Dopo un po' di tempo denuncia lo smarrimento della borsetta della moglie e ottiene un nuovo documento, una carta d'identità con la foto della nuova Antonietta Calcagno in Marcenaro. Sa com'è, signor giudice, per la carta d'identità occorrono il vecchio documento oppure la denuncia di smarrimento e due testimoni, ma come ben saprà, nell'atrio dell'anagrafe ci sono sempre un paio di pensionati disposti a fare da testimonio per un bicchiere di barbera, e lei era accompagnata dal marito, che l'impiegato conosceva benissimo per via del posto in banca...»

«Già», fece il giudice. «Non gli è stato difficile.»

«Fatto sta», riprese Maffei, «che la sedicente Antonietta Calcagno Marcenaro, oltre a non esserci del tutto con la testa, è affetta da una forma di paralisi progressiva. La situazione precipita in fretta e la malattia in poco tempo la relega sulla sedia a rotelle. L'unica cosa che le è rimasta in testa del suo passato è il fatto di aver abitato a Triora, di essere rimasta orfana e di essersi presa cura per un certo tempo dei due fratelli minori. Una cosa che ripeteva sempre e che Marcenaro imputava alla sua confusione mentale.»

Maffei sbuffa e fa il gesto di battere il pugno sulla scrivania, ma si trattiene. «Per la miseria! Se lei avesse visto, signor giudice, con quanta pazienza, con quanta dedizione quell'uomo accudiva la donna...»

«Lo credo bene, se fosse sparita avrebbe perduto la rendita.»

«Sì, ma io che li ho visti insieme non riesco a farmene una ragione. Sembrava davvero un marito dedito e fedele. Capisce, signor giudice? Sembrava insospettabile. Un uomo davvero per bene agli occhi di tutti... una vittima!»

«Andiamo avanti.»

«Be', non stava tranquillo. Lucido e calcolatore com'è, prese delle precauzioni. Un paio d'anni dopo la morte della moglie aprì un conto cifrato in Svizzera e, da quel momento, la rendita gli venne versata su quel conto dal quale avrebbe potuto attingere se mai le cose si fossero messe male, la faccenda fosse venuta a galla e lui fosse dovuto sparire. Naturalmente falsificava la firma della moglie piuttosto bene e presso lo studio legale che si occupava della faccenda nessuno se ne accorse. Sparire è appunto quello che stava per fare quando aveva intuito che ormai avevo capito e gli stavo alle costole: avrebbe abbandonato la falsa moglie e sarebbe migrato all'estero, sotto falso nome. Su quel conto svizzero ci sono parecchi milioni, accumulati in anni di rendita. Rendita che non aveva mai intaccato proprio perché viveva nel terrore di perderla. Viveva della pensione per tenere da parte il più possibile, e risparmiava pure su quella. Ultimamente, aveva ritirato in contanti e assegni internazionali una cifra notevole e aveva trasferito sul conto svizzero il resto del capitale che c'era sul conto della Banca Commerciale. Non sapevo ancora come fossero andate veramente le cose, ma scoprire questo mi ha fatto capire che si preparava a spiccare il volo e, da quel momento, cioè dal mattino di mercoledì 3 ottobre, gli ho messo un mio uomo alle calcagna e non lo abbiamo più perso d'occhio, giorno e notte.»

«Insomma era ricco?»

«Direi di sì. Abbiamo stimato che tra quello che ha accumulato sul conto svizzero, oculati investimenti, la vendita della casa di campagna e i risparmi sulla pensione, doveva disporre grosso modo di una trentina di milioni, se non di più. Lo accerteremo.»

Il giudice emise un breve fischio.

«Insomma», riprese Maffei, «avrebbe potuto vivere tranquillamente all'estero, anche senza la pensione di bancario. Aveva comprato un biglietto per il Cile e aveva preso contatti con uno specialista per avere un passaporto falso, che infatti gli è stato consegnato per posta. Non sappiamo chi lo abbia aiutato, su questo non ha voluto assolutamente aprire i denti.»

Il giudice Repetto cambiò posizione. «Ma perché ha ucciso la Meneghelli?»

«Un altro caso, signor giudice, una circostanza quasi buffa. Dopotutto, all'origine dei suoi guai c'è un atto di buon cuore. Una foto di Tarcisio Marcenaro, di recente, è finita sul giornale per via del salvataggio del gatto di una vicina, che una domenica mattina si era arrampicato su un albero e non voleva saperne di scendere. Lui con tanta pazienza è riuscito a rabbonirlo e a riportarlo a terra. Qualcuno ha scattato una foto. Sa, quelle stupidaggini che i giornali pubblicano quando non sanno cosa scrivere. L'articolo indicava il nome del salvatore. Rosa Meneghelli, che aveva perso di vista l'amica Antonietta quattordici anni prima, lo ha riconosciuto e, a quel punto, ha cercato l'indirizzo sull'elenco telefonico di Genova, dove Tarcisio Marcenaro è registrato. Voleva ritrovare la sua amica. E, per l'appunto, aveva telefonato a casa Marcenaro dicendo che sarebbe andata a trovarla nel pomeriggio di domenica 16 settembre. Sarebbe arrivata col treno da Ventimiglia delle 16.45. Non sapeva di aver firmato la sua condanna a morte.»

«Come si conoscevano le due donne? Perché, dico, Rosa Meneghelli, se non erro, abitava a Cairo Montenotte.»

«Si erano conosciute da ragazze, poiché erano state ricoverate entrambe nel sanatorio di Santa Tecla, a Genova, per curarsi i polmoni e poi avevano continuato a frequentarsi saltuariamente, quando Rosa Meneghelli passava le vacanze a Pietra Ligure, a mandarsi gli auguri a Natale e Pasqua, finché i Marcenaro non si erano trasferiti. A quel punto i rapporti si erano inspiegabilmente interrotti.»

«Ho capito», lo interruppe il giudice. «Quindi l'ha uccisa perché la donna si sarebbe accorta che Antonietta Marcenaro non era Antonietta Marcenaro.»

«Esattamente. Come vede, signor giudice, un uomo senza il minimo scrupolo, il minimo freno morale. L'unica cosa che contava era il suo benessere, i soldi!»

«E Piccardo?»

«Piccardo c'è finito dentro come una mosca nella tela del ragno. Era un poveretto, mezzo matto, credeva di essere l'eroe di un film e si era convinto che quella fosse l'occasione della sua vita. Ha provato a ricattarlo, gli ha mandato delle lettere anonime. Ma stava giocando con un serpente a sonagli.»

«Però aveva anche tentato di aggredirlo, se non sbaglio!»

«Aveva tentato di avvicinarlo per minacciarlo e impaurirlo, per indurlo a pagare. Quella volta Marcenaro ha passato un brutto momento, perché non poteva certo permettere che l'uomo dall'impermeabile scuro venisse arrestato: era il vero, unico testimone del delitto. Ma quell'imbecille, non immaginando che lui fosse sorvegliato dalla Polizia, si era fatto vivo per strada. Così quando il poveretto lo avvicinò, Marcenaro si mise a urlare che c'era la Polizia, in modo che Piccardo scappasse prima che l'ispettore Busalacchi potesse intervenire.»

Il giudice Repetto fece una smorfia. «Diabolico! Ma poi come ha fatto ad ammazzare Piccardo? Era sorvegliato da voi e, da quanto risulta agli atti, quella sera non è uscito di casa.»

Maffei fece spallucce. «Un gioco da ragazzi. Vede, signor giudice, i miei uomini facevano la guardia per impedire che qualcuno andasse da Marcenaro e gli facesse del male. Lo proteggevano dall'uomo con l'impermeabile scuro. Nessuno poteva immaginare che fosse l'esatto contrario. La notte dell'omicidio di Piccardo, in effetti, nessuno entrò né uscì dal portone, salvo qualche inquilino. Piccardo gli mandava i suoi messaggi via posta e lui rispondeva lasciando un biglietto in un certo cestino dei rifiuti in date e luoghi fissati. In effetti Marcenaro si presentò a me col primo biglietto anonimo solo tre giorni dopo averlo ricevuto. Prima aveva aspettato il secondo biglietto, quello del ricatto, per essere sicuro che Piccardo intendeva ricattarlo e dunque non avrebbe parlato. Comunque, secondo i patti Marcenaro quella notte avrebbe dovuto nascondere il riscatto nel cestino dell'immondizia all'una e andarsene, Piccardo sarebbe passato in seguito a ritirare il malloppo. Un'ingenuità di Piccardo, che era un uomo scarsamente intelligente.

Tuttavia non sarebbe finita lì, perché Piccardo ci aveva preso gusto e non voleva rinunciare alla sua parte di potere, di gloria. Mi ha detto Marcenaro che il giorno seguente la morte di Piccardo ha ricevuto un'altra lettera, imbucata prima dell'omicidio, con la quale tornava a minacciarlo, per estorcergli altri soldi.»

«E Marcenaro? Come ha fatto a uscire e rientrare?»

«Semplicissimo. Dal suo giardinetto ha scavalcato la cancellata e ha attraversato il giardinetto della vicina, che affaccia sul retro del palazzo, ha scavalcato la seconda cancellata e si è trovato in via Fabio Da Persico. I giardini sono completamente bui e il mio uomo teneva d'occhio solo il portone.»

«Un bel fegato!»

«Ah, quello non gli manca di sicuro. Una freddezza e una padronanza di sé davvero straordinarie.»

«Avete già avvisato l'inglese?»

«Lo faremo quanto prima. Lord Charles Stewart è morto, ma il figlio, quello salvato da Antonietta Marcenaro, è vivo e vegeto.»

«E la falsa moglie?»

«Si chiama Giuseppina Lavagetto. L'ha presa in carico il Comune. È stata messa in una casa di cura. Poveraccia!»

Maffei si alzò e porse la mano al giudice. «Grosso modo è tutto, signor giudice. I nostri uomini in questo momento stanno scavando nel giardino della casa di Urbe. Marcenaro ci ha detto dove è sepolto il corpo. Il mio compito è finito e adesso la palla passa a lei. Le auguro un buon lavoro.»

«Grazie, Maffei. Un lavoro impeccabile, il suo. Mi congratulo.»

Il commissario uscì dall'ufficio del giudice con le spalle un po' curve e il passo lento, come se portasse un peso, e non era solo per la notte insonne. Ogni volta che arrivava alla fine di un caso e consegnava un criminale al braccio della giustizia, si sentiva sempre molto stanco, deluso dal genere umano.

Magari, la domenica successiva, avrebbe fatto una gita con sua moglie. A Triora. Quel paese lo incuriosiva.

Capitolo 36

Domenica 7 ottobre, ore 17.30

Il capanno verde era illuminato, ma dal giardino non si vedeva l'interno, se ne percepiva solo la luce, poiché i vetri erano appannati. Dal camino di mattoni usciva un bel fumo denso che sapeva di legna buona.

All'interno faceva un gran caldo e Rodolfo Righetti, col solito grembiule a carote e sedani, estrasse dal forno rovente un fumante tegame di farinata, lo posò sul mensolone di marmo e prese a spezzettarne il contenuto in maniera irregolare, con una spatola corta, riempiendone poi due piatti, sui quali macinò una generosa spruzzata di pepe.

«Ecco qua. La prima farinata della stagione!»

Il commissario Maffei, in maniche di camicia, finì di armeggiare con una delle bottiglie che aveva portato, posò il cavatappi e riempì due bicchieri. «Un bel vermentino del Ponente è quello che ci vuole con la farinata!» affermò, con soddisfazione. Quel pomeriggio, dopo aver passato la notte in bianco, aveva dormito per due ore come un sasso, poi era andato a Sant'Ilario a trovare l'amico, con il duplice intento di rilassarsi un poco e di informarlo sulla conclusione del caso Meneghelli.

Righetti portò i piatti in tavola e sedette di fronte al commissario. Levò il calice. «Alla salute!»

«Salute!» fece eco Maffei. Poi, per un po' nel capanno ci fu un religioso silenzio, interrotto solo dal convinto «magnifica!» del commissario.

Solo quando i piatti furono vuoti e i bicchieri di nuovo pieni, Righetti aprì bocca. «E così anche stavolta hai fatto centro!»

Maffei si pulì le labbra col tovagliolo. «È andata per il verso giusto. Tutto qua.»

«Falsa modestia!» rintuzzò Righetti.

Prima di mettersi a tavola, mentre l'amico preparava la farinata, il commissario aveva vuotato il sacco.

«Senti, ma come facevi a sapere che proprio quella notte il fringuello avrebbe preso il volo?»

Maffei accese la sigaretta. «Non lo sapevo, infatti, ma gli ho dato una spintarella. Gli ho fatto uno scherzo e mi è andata bene.»

«Cioè?»

Ci fu una risatina maliziosa. «Gli ho mandato anch'io una lettera anonima, come Piccardo, sperando che gli cedessero i nervi e la situazione precipitasse.»

«Una lettera anonima? Tu?»

Maffei si strinse nelle spalle. «Sì, io. Lo so che non si dovrebbe fare, ma ormai tra noi le parti erano chiare. Lui sapeva benissimo che avevo capito e lo stavo sorvegliando, ma non sapeva fino a che punto avevo capito.»

«Spiegati, Carlo, mi incuriosisce.»

«Be', ad esempio non immaginava che io avessi capito anche come aveva fatto a uscire di casa, la notte in cui ha accoppato Luigino Piccardo.»

«Invece tu lo avevi capito?»

«Sì, una volta guardata la faccenda dal verso giusto è stato piuttosto facile. La sera del 2 ottobre ho pensato incessantemente all'unico fatto che non si incastrava nella faccenda, cioè la possibilità che Marcenaro fosse uscito di casa senza essere visto dal mio uomo. Mi venne in mente il giardino e quella sera feci un salto a Sestri per verificare se fosse potuto passare da lì.»

«E poi?»

«E poi gli ho scritto che non aveva via di scampo e avremmo

fatto i conti l'indomani mattina. Gli ho infilato la busta sotto la porta, sperando che perdesse la testa.»

Righetti accese la pipa. «Sì, ma dove intendeva andare a quell'ora di notte?»

Maffei scrollò le spalle. «Aveva in tasca un passaporto falso e parecchi soldi, probabilmente sarebbe andato a nascondersi in qualche pensione di terz'ordine ad aspettare la partenza del piroscafo per il Cile, che sarebbe avvenuta venerdì prossimo.»

Righetti si grattò uno dei cespugli che aveva ai lati del cranio. «Ma come ha fatto a comprare il biglietto se voi lo tallonavate giorno e notte?»

«Era furbo. Solo una volta ha seminato il mio uomo, quando è andato a procurarsi il passaporto. Da quel giorno in poi non si è più mosso da Sestri e non ha più fatto niente che non rientrasse nelle sue immutabili abitudini quotidiane. Il passaporto glielo hanno mandato per raccomandata e il biglietto se lo è fatto prenotare da qualcuno che lo aiutava, gli ha telefonato. Probabilmente è lo stesso che gli ha procurato il passaporto, ma non ha voluto dire chi è. Sai com'è, il giudice mi aveva autorizzato a scavare un po' nella sua vita, ma, dato che per il momento si trattava solo di una mia idea, non mi aveva autorizzato a mettere sotto controllo il telefono.»

«Eh, lo so», fece Righetti. «Repetto in queste cose ci va coi piedi di piombo. Però, bel personaggio quel Marcenaro!»

Maffei schiacciò il mozzicone nel posacenere e fece un sospiro. «Già. E ti dirò una cosa: per fortuna ha confessato, perché altrimenti, forse, non ce l'avrei mica fatta a dimostrare come sono andate veramente le cose.»

«Cosa fatta, capo ha», sentenziò saggiamente Righetti.

«Te l'ho detto», fece Maffei. «Mi è andata bene.»

Il commissario alzò gli occhi al soffitto e sembrò riflettere profondamente. «La vita è strana e ancor più lo sono i rapporti tra le persone, le sensazioni che si suscitano a vicenda. Dopotutto, sai qual è la cosa che fin dall'inizio mi ha lasciato perplesso in Marcenaro?»

«Quale?»

«Il fatto che in casa sua non ci fosse nemmeno una fotografia, di nessun genere. Nemmeno la foto delle nozze. È strano, non trovi?»

«È strano, ma io non ci avrei pensato.»

«Nemmeno io ci ho pensato, è stata solo un'impressione istintiva, che a livello cosciente non ho nemmeno registrato. Ma era l'impressione giusta, c'era un motivo preciso se in quella casa non c'erano fotografie.»

Fu a quel punto che il telefono a muro prese a squillare.

I due si guardarono fisso negli occhi senza fiatare. Maffei spostò lo sguardo dall'amico all'apparecchio telefonico, che sembrava sobbalzare da tanto strillava.

«Aspetti telefonate?» chiese Maffei titubante.

«Macché!» Righetti ammiccò verso la casa. «Mia sorella e mia madre sono in casa. Chi vuoi che mi chiami a quest'ora, di domenica?»

«Allora cercano me.»

«Che faccio, rispondo?» chiese Righetti con l'aria preoccupata. «Sarà di sicuro una grana.»

Maffei lasciò scorrere lo sguardo sino al mensolone di marmo accanto al forno, sul quale, nel tegame, spiccava ancora qualche pezzo dorato di farinata.

«Posso averne ancora un po'?»

Righetti sorrise e si alzò di scatto. «Ma certo!»

Allora Maffei scrollò le spalle e si lasciò andare a una risata sussultante e liberatoria. «Ma sì. Che si arrangino da loro... una volta tanto!»

Capitolo 37

Lunedì 8 ottobre, ore 9.30

«Hai capito che roba, moglie?»

Serafino Tagliafico, con gli occhiali sul naso, aveva letto ad alta voce l'intero articolo e adesso osservava sbigottito il giornale. «È stato quel tale dagli occhi celesti, quello che mi ha picchiato nella macchina.»

«Bel Signor caro!» esclamò la Gina portandosi la mano alla guancia e spalancando gli occhi. «Ti rendi conto? Gli abbiamo parlato, siamo stati con lui sotto il nostro ombrello perché il suo si era rotto, mentre aspettavamo la Polizia, e...» si interruppe sgomenta.

«E?» incalzò Serafino.

«E... gli abbiamo anche dato la mano!»

«Eh, per forza. Tra persone civili si fa così. Per salutarlo potevamo mica dargli due ditate negli occhi.»

«Lo so, ma insomma, era un assassino e noi non ce ne siamo neanche resi conto.»

Serafino sorrise e sbirciò la moglie da sopra gli occhiali. «Non eri tu che dicevi che i delinquenti si vedono subito perché hanno il brutto ceffo?»

La Gina mise su l'espressione sostenuta. «Cosa c'entra? Quelle erano foto della Polizia. Quando la Polizia li mette sulle fotografie è perché si sa già che sono dei delinquenti e perciò si vede. Di quello invece non lo sapeva ancora nessuno.»

A Serafino la logica del ragionamento sfuggiva, ma, come sempre in quei casi, decise di sorvolare. «Un bel generino, niente da dire. Sfido io che aveva l'aria confusa e non voleva essere portato all'ospedale. Se la stava dando a gambe!»

«Già», fece la Gina di rimando. «E tu, come al solito, non ti sei accorto di niente. Ah, ma io l'ombrello glielo avrei rotto sulla testa, altro che ripararlo.»

«Perché, tu invece te ne eri accorta?»

La Gina si strinse nelle spalle. «Io in parte sì. Aveva qualcosa da nascondere e si comportava strano. L'ho detto subito anche all'ispettore, se ben ricordi, che quel tale non sapeva cosa dire né cosa fare.»

«Anch'io spesso non so cosa dire né cosa fare, eppure non ho mai ammazzato nessuno.» Serafino sospirò e chiuse il giornale. «Moglie, le tue verità sono come le profezie di Nostradamus: funzionano solo dopo che è successo e si sa come sono andate le cose, mai prima.»

«Serafin, dici che ci toccherà andare in tribunale? Testimoniare?»

Il marito alzò le spalle. «Poco ma sicuro.»

Allora la Gina assunse un'espressione preoccupata, assorta. «Perché vedi, mi domandavo se è il caso che lo dica.»

Serafino la squadrò di nuovo da sopra gli occhiali. «Cosa?»

«Be', ecco, lì per lì non ci avevo fatto caso, ma adesso me ne sono ricordata. Quella sera, appena si è rialzato da terra e si puliva i calzoni, al tale dagli occhi celesti spuntava qualcosa dalla tasca...»

«Qualcosa dalla tasca?» chiese Serafino socchiudendo gli occhi.

La Gina esitò. «Sì. Be', insomma, tu non ci hai fatto caso?»

«Io no. A cosa dovevo far caso?»

«Benedetti uomini. Non vedreste neanche l'acqua in mare.» La Gina sedette al tavolo, di fronte al marito, e lo fissò con occhi penetranti. «Gli usciva una corda, una specie di cavo, dalla tasca dell'impermeabile! E come si è rialzato per prima cosa se l'è cacciata in tasca del tutto.»

Serafino alzò gli occhi al cielo e lasciò andare un moccolo. Dalla cucina arrivò un sibilo.

«Senti? Mi va l'acqua nel fuoco!» E la Gina sparì di corsa.

Epilogo

Mercoledì 20 marzo 1963, ore 8.30

Era un martedì mattina di fine marzo, ma la giornata era così tiepida, serena e radiosa che il commissario Maffei l'avrebbe potuta definire «un lunedì dell'Angelo», perché, nei suoi ricordi, associava sempre il lunedì dell'Angelo a una giornata splendida in cui da bambino, con tutta la famiglia, andava a fare il picnic sui prati, sulle alture di Genova.

Indossava una giacca grigia spigata, troppo pesante e dai gomiti lucidi, che la moglie minacciava continuamente di dare alle fiamme. «Guarda, Carlo, se ti siedi su uno scalino ti fanno l'elemosina. E poi più nessuno di questa stagione mette giacche così pesanti.»

«A me va bene così.»

«E poi, dico... guardati le tasche! Sono tutte sformate. Ci metti dentro di tutto.»

«Ci metto quel che ci va messo. Cosa vuoi che faccia? Che vada in giro col cabaret e sul cabaret le chiavi, l'agenda, le sigarette...»

Il commissario si disse che, in fondo, aveva ragione sua moglie: il tempo era cambiato, la primavera avanzava e lui si sarebbe dovuto decidere ad alleggerire il guardaroba.

In ogni caso, quel mattino, mentre le strade di Genova sfilavano fuori del finestrino dell'autobus, gli era appunto venuto in mente il lunedì dell'Angelo. Così, rivedendo sua madre giovane e sorridente, accoccolata su un plaid a quadri disteso sul prato, che distribuiva uova sode e panini con la cima, era sceso alcune fermate prima del consueto. Aveva percorso a piedi, col soprabito sul braccio e il cappello all'indietro, i giardini pubblici di piazza Verdi, dove gli uccelli sugli alberi dalle foglie nuove cantavano a tutto spiano. Aveva attraversato piazza della Vittoria, ed era giunto all'imponente edificio della Questura, all'angolo con il viale Delle Brigate Partigiane.

Salutò l'usciere portandosi due dita alla tesa, entrò nel suo ufficio, appese cappello e soprabito all'attaccapanni e sedette alla scrivania. Tirò fuori il giornale che gli sformava la tasca della giacca e lo spalancò: aveva giusto il tempo di rilassarsi un attimo leggendo le ultime notizie e prendere un caffè. Di lì a mezz'ora si sarebbe dovuto presentare dal capo per il consueto rapporto.

Tuttavia, spesso accadeva che la giornata del commissario, più che i programmi e le intenzioni, la guidassero gli imprevisti. Così, anche in quel radioso mattino di marzo, il giornale non riuscì a leggerlo per nulla: qualcuno bussò subito alla porta, come fosse stato in agguato dietro l'uscio ad aspettare che il commissario mettesse piede in ufficio, giusto per guastargli anche quei pochi minuti di quiete che gli servivano ad approcciare la giornata e calarsi nel lavoro.

Maffei sbuffò e chiuse il giornale. «Avanti!»

L'ispettore Rosati, con la fronte abbronzata e i capelli all'indietro – in un abito leggero color corda, perfettamente adatto a quella giornata primaverile – fece il suo ingresso sorridendo.

Sapeva benissimo che non era delicato irrompere nell'ufficio del capo prima che questi avesse letto il giornale e bevuto il caffè, ma non poteva fare altrimenti.

«Che c'è?» grugnì il commissario con aria selvatica, senza guardarlo in faccia.

«Ehm, ecco capo. C'è una visita per lei.»

«Una visita? E chi è che scassa i santissimi a quest'ora di primo mattino?»

Rosati replicò di gusto il sorriso cinematografico di poco prima. «Una visita che viene da lontano...»

Maffei lo fissò con sguardo interrogativo e sarcastico. «Ci

siamo svegliati spiritosi, stamattina, sì? Col bel tempo vien voglia di fare gli indovinelli. Chi diavolo c'è?»

Rosati abbassò la voce e sparò. «Lord Edward C.R. Stewart, dalla Gran Bretagna!»

«Ma no!»

«Ma sì!»

«È qua?»

«In carne e ossa, capo. È nel mio ufficio e la sta aspettando da quasi mezz'ora. Non ha voluto saperne di andarsene. Io gli avevo detto di tornare più tardi, ma lui si è seduto d'autorità e ha detto: "Se il commissario non è ancora arrivato, vuol dire che lo aspetterò quanto sarà necessario".»

Maffei inarcò le sopracciglia con aria allarmata. «E... ti ha detto cosa vuole?»

«Glielo ho chiesto. Dice che vuole parlare con lei.»

Il commissario aveva l'aria sempre più allarmata, alla fine sputò l'osso. «Ma... e... parla in inglese, vero?»

Rosati fece un altro sorriso, che a Maffei parve un sorriso di sufficienza, perché Rosati se la cavava in inglese. «No, capo. Parla un italiano perfetto, solo con un forte accento inglese.»

Maffei distese la fronte e lasciò andare un sospiro di sollievo. «Ah, meno male. Un problema di meno. Be', fallo passare. Cosa aspetti?»

«Subito, capo.»

Lord Edward C.R. Stewart fece il suo ingresso, sfoderando un sorriso cordiale e tendendo disinvoltamente la mano.

Era un bel uomo di trentun anni, biondo e con gli occhi chiari, il naso dal tratto deciso e la corporatura atletica di chi pratica assiduamente lo sport. Indossava un impeccabile abito a doppio petto da mattino, in flanella principe di Galles, e una cravatta regimental; un fazzoletto di lino, immacolato, sbuffava dal taschino; cappello e soprabito leggero ripiegato sul braccio erano entrambi color nocciola.

Aveva i modi disinvolti e precisi di chi, fin da piccolo, è abituato a trattare indifferentemente con domestici e principi e conosce i codici di comportamento adatti alle diverse categorie sociali.

Maffei era un funzionario pubblico e Lord Edward un aristocratico e un deputato conservatore del parlamento britannico. Dunque, nei confronti di Maffei e Rosati era cordiale e gentilissimo, ma lasciava trasparire un velo di condiscendenza, tipica di chi parla a un sottoposto che ha il dovere di ascoltarlo.

Strinse cordialmente la mano al commissario e, senza aspettare d'essere invitato, si accomodò con sicurezza sulla sedia in similpelle verde di fronte alla scrivania. Accavallò le gambe e sorrise di nuovo. «Eccoci qua, commissario. Sono molto lieto di fare la sua conoscenza.»

Rosati sedette sull'altra sedia, Maffei accennò un lieve inchino e sedette a sua volta. «Piacere mio, signor Stewart. Lei parla l'italiano perfettamente.»

«La ringrazio, commissario, è molto gentile, ma sono consapevole dei miei limiti e, benché io abbia passato buona parte delle mie vacanze, fin da bambino, in Italia, e abbia avuto per tre anni un'istitutrice italiana, non riesco a eliminare questo orribile accento britannico che tanto diverte voi italiani.» Seguì un sorriso cordiale e squisitamente mondano, un lampo vivace passò nello sguardo.

Maffei aprì la bocca per replicare, ma Lord Edward proseguì senza curarsene. «Sto andando a Bordighera, dove abbiamo una villa, e ne ho approfittato per passare da Genova dove una delle nostre navi si trova in bacino di carenaggio per una riparazione. Voglio vedere a che punto sono i lavori. E così, ho pensato di venire a conoscerla per sapere direttamente da lei come sono andate realmente le cose. Questa storia mi ha colpito alquanto, mia madre ne è rimasta letteralmente sconvolta. Lei capirà, se oggi io sono qui, lo devo esclusivamente a quella donna. E scoprire che il marito...»

«Una brutta storia», lo interruppe Maffei con lo sguardo opaco. «L'inchiesta è finita e il processo è in corso. Chissà quanto durerà. Ho visto che lei non si è costituito parte civile.»

«No. Niente affatto!» replicò Lord Edward rabbuiandosi in volto.

Il commissario prese pazientemente a fare il riassunto dell'intera inchiesta, senza omettere alcun particolare, così come lo aveva fatto a suo tempo al giudice Repetto. Parlò per venti minuti.

Lord Stewart ascoltò attentamente, con la fronte corrugata, le gambe accavallate e le mani intrecciate sul ginocchio, senza mai interrompere. Quando il commissario tacque, emise un profondo sospiro, mantenendo la fronte aggrottata, come se tentasse di concentrarsi su un grave problema. «Sono veramente dispiaciuto. Tutto questo è terribile!» Fece un gesto nervoso con la mano. «A volte si complicano enormemente cose che in realtà sono semplicissime e si finisce per commettere delle sciocchezze, addirittura dei crimini – come in questo caso – senza nessun motivo.»

Maffei inarcò le sopracciglia. «Come senza motivo? Il movente è chiaro. Tarcisio Marcenaro non intendeva perdere la rendita che suo padre aveva assegnato alla moglie e che quindi sarebbe venuta a cessare con la sua morte. Le ha spillato fraudolentemente un bel po' di milioni, caro lei. Per quindici anni!»

Lord Edward fece di nuovo un gesto stizzito, come se Maffei fosse un po' tonto e non afferrasse un concetto elementare. «Sciocchezze! Si immagini se avremmo fatto una cosa del genere. Bastava che mi telefonasse e mi dicesse che la moglie era morta e io avrei provveduto a trasferire la rendita a suo nome. Non avrei mai commesso una simile bassezza. Del resto si tratta di una cifra del tutto modesta.»

Maffei fissò il baronetto senza parlare, Rosati spalancò la bocca per la sorpresa.

«Dunque lei intende dire che non avrebbe privato Marcenaro di quella rendita, nonostante la moglie fosse morta?» chiese Maffei.

«Assolutamente no, commissario. Perché mai avrei dovuto fare una cosa del genere? La mia famiglia, da sempre, sostiene almeno una dozzina di organizzazioni benefiche in Gran Bretagna e all'estero, e secondo lei io avrei tolto un piccolo sussidio a un uomo di modesta condizione, la cui moglie mi aveva salvato la vita? Le pare?»

«Ma...»

Lord Edward diede un'occhiata all'orologio e si alzò, con l'aria di chi ha deciso che il tempo concesso per un colloquio è scaduto. «Mi scusi, commissario, ma adesso devo andare. Ho appuntamento ai cantieri con l'ingegnere responsabile dei lavori. Lei è stato molto gentile e preciso nel ragguagliarmi sui fatti. La ringrazio molto.»

Strinse la mano al commissario e a Rosati, quindi si avviò verso la porta, ma prima di uscire si fermò e si voltò verso i due uomini, come se avesse cambiato idea. «Ancora una cosa, commissario. Mi rendo conto che il signor Marcenaro è nei guai sino al collo, perciò io vorrei che lei gli facesse sapere che, se ha bisogno di qualcosa... intendo dire, avrà pur bisogno di un buon avvocato, ecco... insomma, qualunque cosa gli occorra non esiti a farmelo sapere e io provvederò al meglio.» Poi scosse il capo e mormorò a fil di labbra: «Uccidere due persone! Che razza di idiozia!» E uscì.

Maffei e Rosati restarono muti, in piedi, a fissarsi a occhi spalancati per un po', come fossero stati colti da improvvisa paralisi.

«Ti rendi conto?»

«Sì, capo, mi rendo conto.»

«Cioè, quell'uomo ha occultato un cadavere e ha commesso ben due omicidi per niente.»

Rosati scosse la testa. «A quanto pare.»

Maffei si grattò il capo. «Io non ho mai avuto a che fare con gli aristocratici inglesi, ma mai mi sarei aspettato una reazione del genere, tanto tranquilla, così incredibile e allo tempo così lineare, quasi imperturbabile.»

«Be', a quanto pare nemmeno Marcenaro se la aspettava.»

«Lo credo bene!» concluse Maffei scrollando le spalle.

Rosati sedette, posò i gomiti sulle ginocchia e si prese la testa tra le mani. «In effetti, per lui, quei soldi sono davvero poca cosa, dev'essere ricco sfondato, ma...»

«Sì, però ci sono stati due omicidi, quell'uomo lo truffava da quindici anni e lui non ha mostrato il minimo risentimento!»

Rosati scosse la testa. «Che le devo dire, capo? Si vede che il fatto di essere stato salvato da quella donna è più forte di tutto. E adesso è perfino disposto a pagargli un buon avvocato. Mah! Tarcisio Marcenaro davvero ha ucciso per niente.»

Maffei sedette lentamente e fissò lo sguardo sul muro. «Vedi, Rosati, stavo pensando che ognuno vede il mondo con i suoi occhi. E quelli di Marcenaro non sono certo quelli di Lord Stewart. Marcenaro nella sua grettezza, nel suo attaccamento al denaro, non avrebbe mai concepito un gesto come quello di Stewart. Per lui era una semplice questione giuridica, una faccenda di contratti da rispettare. Al posto di Stewart, lui non si sarebbe neppure sognato di continuare a pagare, si sarebbe limitato a rispettare ciò che il padre aveva stabilito. Rientrava nella sua mentalità, nel suo rigore nelle questioni burocratiche. Invece da parte della famiglia inglese c'era una gratitudine che pesava, che non si esauriva certo nel denaro. Era la gratitudine eterna per una vita salvata, la vita di un figlio, oltre al fatto che per loro quella somma era poca cosa e, in un certo senso, metteva a posto le coscienze. La gente non è mai troppo a proprio agio, quando deve convivere con una simile riconoscenza e il denaro è un buon mezzo per non sentirsi in difetto, soprattutto quando se ne ha molto. Credo che solo così si possa spiegare la faccenda.»

«Sarà. Certo che è strano, però», replicò Rosati.

Maffei gli rivolse uno sguardo meditabondo. «Sì, insomma, come suol dirsi... tanto rumore per nulla.»

«Già», rispose l'ispettore lentamente. «Tanto rumore per nulla!»

Nota dell'Autore

Non so se qualcuno dei miei lettori sia mai stato a Singapore.

Io sì e ne rimasi abbastanza sconcertato. Tutto ebbe inizio fin dai primi momenti, a bordo del taxi che dall'aeroporto mi portava all'albergo.

Mentre fuori del finestrino sfilavano arterie a quattro corsie simili ad autostrade americane, fiancheggiate da grattacieli altissimi e surreali in vetro e acciaio, mi colpì uno strano odore che aleggiava nell'abitacolo: l'odore di quei prodotti tremendi che anche da noi vengono usati talvolta negli autolavaggi, per pulire e profumare le superfici interne delle automobili. Odori che, per fortuna, svaniscono in fretta.

Quello che avvertivo, però, era ancor più dolciastro e nauseante e proveniva da un bizzarro apparecchietto elettrico che pendeva dallo specchietto retrovisore e, a intervalli regolari, spruzzava nell'aria una fiatata di quell'orrenda essenza.

Mi accorsi in seguito che tutte le auto pubbliche di Singapore ne erano dotate, poiché i taxi, oltre a essere puliti al limite della sterilizzazione e a mantenere al loro interno temperature polari e battericide, dovevano anche essere profumati. Così come pulitissime, anzi immacolate, erano le strade, i giardini pubblici e i marciapiedi.

Scoprii ben presto che a Singapore le proibizioni erano molteplici: era proibito fumare per strada (perché la cenere sarebbe potuta cadere, sporcando il marciapiede), era proibito mangiare per strada e sui mezzi pubblici (perché le briciole sarebbero potute cadere a terra), era proibito masticare il chewing-gum in pubblico (perché se non lo mastichi, non lo sputazzi qua e là), era proibito omettere di tirare l'acqua dello sciacquone nei bagni (non ho capito come facessero a controllare, ma erano previste costose sanzioni), era proibito girare nudi in casa propria e nelle stanze d'albergo (ricordarsi sempre di tenere le tende sigillate), e si era passibili di multe salatissime se l'automobile (per un improvviso disturbo gastro-enterico) depositava una macchietta d'olio sull'asfalto.

Così come era assolutamente proibito scendere le scale dal lato che doveva essere usato per salirle e viceversa, operazione che causava lo sgomento e la paralisi immediata in chi capitava al cospetto di cotanta inaudita indisciplina.

Allo stesso modo, mi resi conto con un certo orrore che la gente, sui marciapiedi, camminava tutta sullo stesso lato per andare in una direzione e sul lato opposto per andare nella direzione contraria. Niente a che vedere con la simpatica confusione delle vie dello *struscio* nelle nostre città e paesi, dove la gente ciondola, lecca gelati, mangia la focaccia, si mischia in gruppi, si ferma e riparte in assoluta spontaneità. A Singapore nessuno sembra passeggiare: tutti si spostano il più velocemente possibile da un punto all'altro.

Tutto pulito, dunque, tutto perfetto, tutto disciplinato a norma di legge e, specialmente, tutto controllato da migliaia di telecamere piazzate dovunque. All'apparenza un paradiso per i fautori dell'ordine e della pulizia. Per me decisamente troppo! Un vero inferno che mi suscitava insospettate pulsioni: io, in genere disciplinatissimo, mi ritrovavo ad architettare progetti, con una punta di cattiveria, su come buttare una cartaccia per strada e farla franca.

Anche perché, dietro questa rigidissima facciata, Singapore cela le stesse miserie, le stesse contraddizioni e le stesse brutture di tutti gli altri posti del mondo: le miserie e le contraddizioni che caratterizzano la natura umana, che è sempre la stessa ovunque. Solo che, in quel luogo, lì per lì, alcune di queste miserie non si vedono.

Del resto si sa, il troppo stroppia. E, con tanta integrità e tanta intransigenza, bisogna fare attenzione a non finire come i fraticelli di san Francesco nel XIV secolo, che, con tanta severità nell'applicare la regola della povertà, finirono per essere scomunicati da papa Giovanni XXII.

Qualcuno si domanderà: ma che c'entra tutto ciò col romanzo appena letto?

C'entra.

Per lo stesso motivo, infatti, ho sempre diffidato istintivamente delle persone troppo virtuose, troppo a modo, e prive di apparenti vizi e difetti.

Mi va di citare, a questo proposito, Robert Louis Stevenson, scrittore del XIX secolo, autore, tra l'altro, dell'*Isola del tesoro* e dello *Strano caso del dottor Jekyll e il signor Hyde*, nel quale tenta di affrontare, in anticipo sulle teorie di Freud, i problemi del subconscio e dello sdoppiamento della personalità.

Ebbene Stevenson scrisse: «Nessuna donna dovrebbe sposare un uomo astemio o che non fuma».

Spero di non essere frainteso e di non passare per uno che sponsorizza l'alcolismo o il tabagismo, ma, tenendo conto dell'epoca in cui fu scritto, mi pare che il senso di questo aforisma sia tutt'ora assolutamente efficace. Significa che, talvolta, le apparenti virtù mascherano nature intime ben diverse e che sarebbe prudente diffidare, di primo acchito, da certe ostentate perfezioni, in quanto potenziale sintomo di celate bassezze dell'anima.

Credo che il commissario Maffei abbia provato questo stesso senso di disagio rispetto al personaggio che si trovava ad affrontare nella sua inchiesta.

Immagino che nella realtà ne esistano molti, di questi personaggi, tant'è che su internet (specchio del mondo e strumento che si prefigge di dare risposta a qualunque umano bisogno), si trovano numerosi e ingenui video, aventi lo scopo di aiutare gli sprovveduti a smascherare tali ambigui individui, sulla base dei loro atteggiamenti involontari.

Un personaggio mite e gentile, il *signore così per bene*, irreprensibile, assolutamente dedito alla moglie, che accetta con serena dignità la vita disgraziata che il destino gli ha riservato.

Eppure... eppure, grattando sotto la compatta superficie di serenità quotidiana, piano piano, si scopre che nulla è come sembra e ci si trova davanti a un vero abisso dell'anima.

Quante volte ci è capitato, nella vita, di provare un'immediata sensazione di diffidenza o di antipatia, nei primi istanti in cui venivamo a contatto con una persona sconosciuta. E quante volte, in seguito, abbiamo dovuto constatare che quella impressione, immediata e animale, era quella giusta, anche se l'avevamo scartata come superficiale o, addirittura, ingenerosa. Un attimo dopo il primo contatto, infatti, vengono messe in campo le strategie, le correzioni comportamentali necessarie a camuffare ciò che non si vuol mostrare agli altri.

Spesso i miei personaggi sono *simpatici*: le signorine Devoto, la Tre Culi, le Zefire, la zia Colomba... ma questa volta ho voluto dar vita a un personaggio antipatico e un po' grottesco, in netto contrasto con l'umanità assolutamente comune e concreta del commissario Maffei, con il suo aspetto sgangherato, i suoi scatti d'ira, le sue incertezze, i suoi mille dubbi e i suoi ricordi d'infanzia.

Se penso ai dialoghi e agli atteggiamenti di Tarcisio Marcenaro, mi viene in mente che, forse, avrebbe potuto essere interpretato magistralmente da Alberto Sordi.

Confesso che stavolta non mi sono curato troppo di quanto capisca o non capisca il lettore nel corso della lettura, di quanto riesca ad anticipare la conclusione della storia. Non ho barato molto e non mi sono preoccupato un granché del colpo di scena finale, quanto della tensione narrativa del racconto e del carattere dei personaggi.

Un romanzo diverso, dunque, e spero che i miei affezionati lettori, che di solito da me si aspettano ironia e sorriso, non me ne vogliano troppo.

Questo libro è stampato col sole

GRAFICA VENETA

Azienda carbon-free

Finito di stampare nel mese di maggio 2024
per conto della TEA S.r.l.
da Grafica Veneta S.p.A. di Trebaseleghe (PD)
Printed in Italy

PEFC
PEFC/18-31-226
Certificato PEFC
Questo prodotto è realizzato con materia prima da foreste gestite in maniera sostenibile e da fonti controllate
www.pefc.it